... Hier in der BRD sind in letzter Zeit viele vietnamesische Flüchtlinge aufgenommen worden. Was hat sie dazu bewegt, das Heimatland zu verlassen? Ich bin traurig darüber, daß der Krieg die Kraft unseres Volkes so sehr verbraucht hat und daß der neue Weg so viele Opfer von dem einzelnen fordert. 1960 bin ich ins Ausland gegangen, um bessere Chancen für ein Studium zu haben. Ich glaubte an den Fortschritt und erhoffte von ihm Großes für unsere vietnamesische Heimat. Doch das Leben hier machte mich nüchtern. Ich sah, daß das Glück tiefer verborgen liegt – vielleicht sogar jenseits von Wohlstand und Armut, von Fortschritt und Unterentwicklung. Dieser Gedanke führte mich zurück zu den alten Tagen. Erinnerungen an unser Haus wurden wach. Ich nahm Deine Briefe von einst, begann, sie zu lesen, und spürte in ihnen etwas, das wie ein Schatz schon lange in einem unbekannten Acker verborgen liegt. Dies erinnerte mich an ein Gleichnis, das Jesus zur Verdeutlichung des Reiches Gottes erzählte. Was das ist, müssen wir wahrscheinlich immer wieder neu begreifen lernen. Ich bilde mir ein, etwas davon erfahren zu haben, und ich war erstaunt, in einem Deiner alten Briefe zu lesen, wie nah Du selbst dem christlichen Glauben stehst ...

Auszüge aus einem Brief des Autors an seinen alten Vater in Vietnam

RADIUS BÜCHER

Dê˜ văn Nguyêñ

Matthäus auf der Reise nach Vietnam

Notizen zum Evangelium

CIP-Kurztitelaufnahme der Deutschen Bibliothek

Dê-văn-Nguyên:
Matthäus auf der Reise nach Vietnam:
Notizen zum Evangelium / Dê văn Nguyên. –
Stuttgart: Radius-Verlag, 1979.
ISBN 3-87173-551-5

3., 2., 1. Auflage

ISBN 3-87173-551-5
© 1979 by RADIUS-Verlag GmbH Stuttgart
Umschlag: Wolfgang Ladiges, Hamburg
Gesamtherstellung: Clausen & Bosse, Leck
Printed in Germany

Mt 1,21: Sie wird einen Sohn gebären, des Namen sollst du Jesus heißen; denn er wird sein Volk selig machen von ihren Sünden.

DER MENSCH IST UND BLEIBT OPFER DES MENSCHEN.

Opfer des Menschen:
Ich sehe noch die Kinder
mit so großen Augen
und den leeren, schmutzigen Händen.
Sie liefen meiner deutschen Frau nach,
die vor fünf Jahren
meine Familie in Vietnam besuchte.
Ihre Worte tönen noch in meinen Ohren:
»Ami! Ami!
Hast du nicht einen Pfennig für mich?«
bittet der erste.
»Ami! Ami!
Hast du für mich ein Bonbon?«
sagt der zweite.
»Kannst du mir etwas schenken?«
schreit der dritte.
In meinen Erinnerungen
dröhnen
Worte und Worte.
Sie lasten noch heute schwer auf meinem Herzen
und drängen in mir die Frage auf:
Wer ist an allem schuld?
Vietnamesen? Amerikaner? Ihre Verbündeten? Ihre Gegner?

Opfer des Menschen:
Ich erinnere mich an einen Jungen:
schlau, stark und schnell.
Er kam im Bus auf mich zu
und bot mir eine Brille zum Kauf an.
Zum Kauf?
Ich fragte ihn, woher er die Brille habe.
Keine Antwort.
Zu spüren war vielleicht
nur eine kleine, schmerzliche Verlegenheit.
Dann wiederholte er sein Angebot:

»Eine schöne Brille, nur drei Mark.
Bitte, kaufen Sie! Bitte!«
Ich gab ihm das Geld für die Brille
und war traurig versunken in den Gedanken,
in welches Schuldverhängnis
er und ich hineingeraten waren.
Dazu die Frage:
Durch wen
sind wir nicht geworden,
was wir eigentlich sein wollen?

Der Mensch ist und bleibt Opfer des Menschen.
Auch Er ist Mensch geworden.

In einem unbekannten Ort
kommt ein kleines Kind zur Welt
wie viele Kinder
in meiner Heimat
in einer leeren Bambushütte,
schreiend,
nackt,
auf ein paar Blättern der Bananenbäume.
Geboren ist Er von einer Frau,
wie von einer Mutter in meinem Land –
umgeben von der Angst vor dem Ruf,
mit einem Amerikaner geschlafen zu haben.
Gekommen ist Er
in das Haus
eines Handwerkers,
der mit der Hand sein Brot verdient,
wie die vielen Menschen meines Blutes,
tags und nachts mit den Händen arbeitend –
vielleicht um zu vergessen, daß sie
tags und nachts mit denselben Händen leer ausgehen.

Der Mensch ist und bleibt Opfer des Menschen.
Auch Er ist Mensch geworden,
um ein Opfer des Menschen zu werden.

Sein Opfer beginnt
wie bei dem vietnamesischen Bauern,
der in einer kleinen Hütte zur Welt kam,

um von dem dreckigen Wasser des Mekong zu leben.
Eine Handvoll Reis machte ihn groß.
Und ein paar Fische retteten sein Leben.
Als Jüngling hoffte er auf die Liebe und auf Frieden.
Aber der Krieg kam,
und er mußte in die Stadt auswandern.
Und als der Krieg zu Ende ging,
mußte er wieder zurück aufs Land.
In seiner Erinnerung bleiben viele blutige Spuren
einer Wanderschaft
vom Land zur Stadt,
von der Stadt aufs Land,
von einer Hand in die andere Hand,
von einem Feind zum anderen Feind.
Ich blickte auf ihn
und erkannte den anderen Menschen,
der wanderte und wanderte,
um den Menschen Leben zu bringen.
Aber auch ER
geriet von einer Hand in die andere Hand,
vom Hohenpriester zu Pilatus.

Auf einem kleinen Hügel starb ER
wie ein unbedeutender vietnamesischer Bauer
in der Stadt oder auf dem Land.

DER MENSCH IST UND BLEIBT OPFER DES MENSCHEN.
AUCH ER IST MENSCH GEWORDEN,
UM EIN OPFER DES MENSCHEN ZU WERDEN.
DURCH SEIN OPFER BIN ICH GEHEILT.

Ich habe einen wichtigen Termin vergessen.
Ich konnte ein Versprechen nicht halten.
Ich habe meine Zeit vergeudet.
Ich kam nicht pünktlich zu einer Beerdigung.
Ich habe etwas vernachlässigt.
Ich schätzte die Lage eines hilfesuchenden Menschen falsch ein.
Ich habe mein Geld sinnlos verpulvert.
Jemand fühlte sich durch mein Verhalten gekränkt.
In Seinem Opfer sehe ich
das liebevolle Verzeihen vieler Menschen,
an denen ich schuldig geworden bin.

Mt 3,2b: Tut Buße, denn das Himmelreich ist nahe herbeigekommen.

1) Ich habe geglaubt, ein guter Mensch zu sein.

Ich habe geglaubt,
ein guter Mensch zu sein,
bis zu dem Tag,
als ich diese Geschichte zu Ohren bekam:
Ein Mönch
begegnete eines Tages einem Menschen,
der ihm erzählte,
wie gut er sei:
Den Armen gebe er
einen Teil seiner Güter.
Er setze sich für die Gefangenen ein.
Und die Kranken besuche er
zweimal in der Woche.
Der Mönch hörte ihm zu
und sagte:
»Gut bist du!
Doch gehe hin
und frage
– deine Frau, was sie von dir hält,
– deine Kinder, was sie über dich denken,
– deine Verwandten, was sie von dir erwarten,
– deine Nachbarn, was sie untereinander über dich erzählen
– und deine Kollegen, wie sie von dir reden,
alsdann komm
und sage mir
wie gut du bist.«

Ich habe geglaubt, ein guter Mensch zu sein.
Ich habe versucht, vollkommen zu werden.

Ich habe versucht,
vollkommen zu werden.
Ich habe Konzentration geübt,
um besser hören zu können.
Ich habe Geduld gelernt,

um die Last besser zu ertragen.
Ich habe den Zorn unterdrückt,
um den Menschen gegenüber immer freundlich zu sein.
Ich habe Rücksicht geübt,
um niemanden zu verletzen.
Aber dann habe ich gemerkt:
Konzentration führte nicht dazu,
daß ich Nebensächlichkeiten vergaß,
die anderen wichtig waren.
Geduld machte mich unfähig,
dem Menschen zu sagen,
woran er ist.
Freundlichkeit verdeckte meine Gefühle,
errichtete eine Mauer
und ließ andere nicht an mich herankommen.
Rücksicht hinderte mich daran,
die Wahrheit zu sagen.

Ich habe geglaubt, ein guter Mensch zu sein.
Ich habe versucht, vollkommen zu werden.
Ich habe unter meinen eigenen Anforderungen gelitten.

Ich habe geglaubt,
ich müßte allen Menschen helfen.
Ich müßte zu allen gut sein.
Ich müßte
freundlich,
geduldig,
barmherzig,
rücksichtsvoll,
friedlich,
sanftmütig
und lieb sein.
Ich mußte
und mußte
und konnte nicht mehr.
Gelitten habe ich darunter,
daß ich mehr sein wollte,
als ich leisten konnte.

Ich habe geglaubt, ein guter Mensch zu sein.
Ich habe versucht, vollkommen zu werden.
Ich habe unter meinen eigenen Anforderungen gelitten.
Darum denke ich um und sage:
Ich muss nicht mehr sein, als ich leiste,
sondern
ich kann so sein, wie ich bin.

Ich kann so sein,
wie ich bin.
Denn Er ist da,
der zu mir redet:
Ich kenne deine Last
und trage auch deine Schuld.
Ich fordere nicht von dir
und zähle nicht deine Fehler.
Ich zwinge dich nicht
und vergebe dir alle Versäumnisse.
Ich handle dir gegenüber nicht demgemäß,
was du den anderen antust,
darum:
denke um,
und das Himmelreich wird dir nahe sein.

Ich habe geglaubt, ein guter Mensch zu sein.
Ich habe versucht, vollkommen zu werden.
Ich habe unter meinen eigenen Anforderungen gelitten.
Darum denke ich um und sage:
Ich muss nicht mehr sein, als ich leiste,
sondern
ich kann so sein, wie ich bin,
und siehe,
das Himmelreich ist mir nahe herbeigekommen.

Versuchung

Mt 4,1–11: Da ward Jesus vom Geist in die Wüste geführt, auf daß er von dem Teufel versucht würde. Und da er vierzig Tage und vierzig Nächte gefastet hatte, hungerte ihn. Und der Versucher trat zu ihm und sprach: Bist du Gottes Sohn, so sprich, daß diese Steine Brot werden. Und er antwortete und sprach: Es steht geschrieben: »Der Mensch lebt nicht vom Brot allein, sondern von einem jeglichen Wort, das durch den Mund Gottes geht.« Da führte ihn der Teufel mit sich in die heilige Stadt und stellte ihn auf die Zinne des Tempels und sprach zu ihm: Bist du Gottes Sohn, so laß dich hinab; denn es steht geschrieben: »Er wird seinen Engeln über dir Befehl tun, und sie werden dich auf den Händen tragen, auf daß du deinen Fuß nicht an einen Stein stoßest.« Da sprach Jesus zu ihm: Wiederum steht auch geschrieben: »Du sollst Gott, deinen Herrn, nicht versuchen.« Wiederum führte ihn der Teufel mit sich auf einen sehr hohen Berg und zeigte ihm alle Reiche der Welt und ihre Herrlichkeit und sprach zu ihm: Das alles will ich dir geben, so du niederfällst und mich anbetest. Da sprach Jesus zu ihm: Hebe dich weg von mir, Satan! denn es steht geschrieben: »Du sollst anbeten Gott, deinen Herrn, und ihm allein dienen.« Da verließ ihn der Teufel; und siehe, da traten die Engel zu ihm und dienten ihm.

BIST DU CHRIST, SO HILF MIR!

Ein Mann erzählte mir, seit langem sei er im Gespräch
mit der Mutter eines Schülers,
er sich das Leben genommen hat.
Er gab ihr Hilfe, Stütze, Geborgenheit und Hoffnung.
Dann fing es aber an,
daß ihm die Frau »zu viel« wurde.
Sie kam zu ihm ohne Anmeldung,
sie blieb lange, und er konnte sie nicht loswerden.
Zu unmöglichen Zeiten rief sie ihn an,
und sie drohte:
»Hilf mir! Denn du bist ein Christ,
ich werde mir sonst das Leben nehmen!«

BIST DU PASTOR, SO DARFST DU NICHT VERSAGEN.

Bist du Pastor, so darfst du nicht versagen.
Du mußt zu allen Menschen freundlich sein.
Du darfst keinen Ärger bereiten.

Lebst du von deiner Frau getrennt,
dann gehen Gerüchte um.
Läßt du dich scheiden,
wirst du schnell an einen anderen Ort versetzt.
Man hat ein Bild von dir, als hättest du Flügel –
als wärest du wie ein Engel, der unfehlbar ist
und über der Erde schwebt.

Was hast du vom Glauben, wenn du Christ bist?

Was hast du vom Glauben, wenn du Christ bist?
Siehe:
☆ Er geht jeden Sonntag in die Kirche –
und muß seit Jahren unter Krebs leiden.
☆ Sie las jeden Tag die Bibel –
und ist trotzdem tödlich verunglückt.
☆ Er hilft seit seiner Jugend den Armen –
und verlor schon früh sein liebstes Kind.
☆ Sie besucht regelmäßig die Gefangenen –
und wurde von einem Unbekannten vergewaltigt.
Wo ist Gott? Warum kann er dies alles nicht verhindern?
Darum höre den, der sagt:
»Alle Reiche der Welt und ihre Herrlichkeit will ich dir geben,
so du niederfällst und mich anbetest.«

Bist du Christ, so hilf mir!
Denn du darfst nie in Verlegenheit kommen!
Bist du Christus, so sprich, dass diese Steine Brot werden!
Denn du musst auch dir selbst helfen können.
Bist du Pastor, so darfst du nicht versagen.
Bist du Gottes Sohn, so muss dir alles gelingen.
Springe darum von der Zinne des Tempels herab!
Gott wird dich schon rechtzeitig fangen.
Was hast du vom Glauben, wenn du Christ bist?
Ich glaube,
☆ dass Gott mir vergibt,
wenn meine Kraft nicht ausreicht
und ich meinen Nächsten nicht helfen kann –
☆ dass Gott mich dennoch festhält,
auch wenn ich für immer versage.

Mt 5,3–12a: Selig sind, die da geistlich arm sind; denn das Himmelreich ist ihr. Selig sind, die da Leid tragen; denn sie sollen getröstet werden. Selig sind die Sanftmütigen; denn sie werden das Erdreich besitzen. Selig sind, die da hungert und dürstet nach der Gerechtigkeit; denn sie sollen satt werden. Selig sind die Barmherzigen; denn sie werden Barmherzigkeit erlangen. Selig sind, die reinen Herzens sind; denn sie werden Gott schauen. Selig sind die Friedfertigen; denn sie werden Gottes Kinder heißen. Selig sind, die um Gerechtigkeit willen verfolgt werden; denn das Himmelreich ist ihr. Selig seid ihr, wenn euch die Menschen um meinetwillen schmähen und verfolgen und reden allerlei Übles wider euch, so sie daran lügen. Seid fröhlich und getrost; es wird euch im Himmel wohl belohnt werden.

Erste Assoziation

Selig sind, die da geistlich reich sind; denn das Himmelreich haben sie gebracht.	Selig sind, die da geistlich arm sind; denn das Himmelreich ist ihr.

Ich denke an

einen Mann, der auf dem Berg saß, lehrte, predigte und sagte geistreiche Worte. Und er hatte viele Nachfolger: Paulus, Augustin, Luther und viele andere. Sie bleiben in meinem Gedächtnis.	die vielen Menschen, die in den Slums leben. Sie haben keine Schule, kein Geld in der Tasche, kein Dach über dem Kopf und kein trostreiches Wort. Und mit ihnen wachsen die Weltstädte: Saigon, New York, Tokio und viele andere. Diese Menschen bleiben nicht in unserem Gedächtnis.

ZWEITE ASSOZIATION

Selig sind	Selig sind,
die da trösten;	die da Leid tragen;
denn sie haben	denn
das Himmelreich	sie sollen
sichtbar gemacht.	getröstet werden.

Ich habe gehört

von einer Ehebrecherin, | von einer Mutter,
die gebracht wurde | die fünf Kinder hatte.
zu einem Mann, | Ihr Mann,
der sie | ein kleiner Bauer
nach dem Gesetz | in meinem Geburtsort,
verurteilen sollte. | war in den Krieg gezogen.
Der Mann, | Als die Bomben
der das Gesetz | aufhörten zu fallen
gut kannte | und er nach Hause kam,
und nach ihm lebte, | fand er
ließ jedoch | seine Frau
die Frau frei | verkrüppelt liegen,
und sagte: | das älteste Kind blind,
»Sei fröhlich | das zweite gelähmt,
und getrost, | das dritte und vierte
denn fort sind sie, | verloren,
die dich verdammen.« | das fünfte weinend.

DRITTE ASSOZIATION

Selig sind,	Selig sind
die nicht nachgeben;	die Sanftmütigen;
denn sie werden	denn sie werden
das Erdreich	das Erdreich
nicht verlieren.	besitzen.

Ich kenne

den Namen eines Pilgers,
der zielstrebig
und unbeirrt
seinen Weg ging.
Ihm
folgten viele nach,
weil sie von ihm
Großes erwarteten.
Doch als er
seinen Weg zu Ende ging
und sein Kreuz
auf sich nahm,
da verließen ihn alle.

eine Kirche,
die flexibel
und angepaßt ist.
In ihr arbeiten viele:
groß und klein,
dick und dünn,
schmal und breit,
rückständig
und aufgeschlossen.
Auch sie
trägt ihr Kreuz,
aber viele
können sie nicht verstehen.

VIERTE ASSOZIATION

Selig sind,
die da hungert und dürstet
nach der Barmherzigkeit;
denn sie sollen satt werden.

Selig sind,
die da hungert und dürstet
nach der Gerechtigkeit;
denn sie sollen satt werden.

Ich weine um

einen Mann,
der zu den Menschen kam,
weil er sie liebte.
Doch
sie nahmen ihn nicht an,
sie wurden unbarmherzig,
schrien und schrien:
Kreuzige ihn! Kreuzige ihn!
Und seit der Stunde,
als er starb,
bis zum heutigen Tag,
werden immer wieder
einzelne Menschen
und Tausende von Menschen
seinetwegen
ohne Barmherzigkeit
umgebracht.

die Afrikaner,
die tagsüber
unter den Weißen arbeiten.
Sie arbeiten für jene Weißen,
die sie aus ihrem Land
verdrängt haben.
Aber wenn es Abend wird –
und die Weißen
sie nicht mehr gebrauchen –,
müssen sie die Gegend
ihrer Arbeitsstätte verlassen
und abseits von den Reichen
in ihren Hütten schlafen,
als wären sie weniger wert
als die Haustiere, die nachts
da schlafen können,
wo sie tagsüber auch sind.

FÜNFTE ASSOZIATION

Selig sind die Gerechten; denn sie werden das Erdreich erlangen.	Selig sind die Barmherzigen; denn sie werden Barmherzigkeit erlangen.

Ich staune über

einen Mann,
der gerecht war,
nicht weil er
gegen kein Gesetz verstieß,
sondern weil er
einem Aussätzigen
zu seinem Recht verhalf.
Jener Aussätzige wurde
zur Zeit Jesu
ausgestoßen,
saß am Straßenrand
und schrie um Hilfe.
Darum:
Gerechter,
höre
die Stimme der Menschen,
deren Recht zertreten ist.

die große Barmherzigkeit
von Menschen,
denen ich
weh getan habe:
Meine Frau,
die zu mir sagte:
Du bist zu vergeßlich.
Meine Tochter,
die mir böse war,
weil ich vergaß,
ihr das Versprochene
mitzubringen.
Dennoch können wir
den schweren Weg
gemeinsam weitergehen –
mit einer Handvoll
Barmherzigkeit.

SECHSTE ASSOZIATION

Selig sind,
die Herzen frei machen;
denn sie lassen Menschen
Gott schauen.

Selig sind,
die reinen Herzens sind;
denn sie werden
Gott schauen.

Ich erinnere mich an

einen Mann
namens Zachäus.
Er arbeitete als Jude
für die römische Besatzung,
kassierte für sie den Zoll,
wirtschaftete ihn aber
auch mal
in die eigene Tasche.
Als er hörte,
daß Jesus vorbeizog,
wollte er ihn sehen.
Er kletterte
auf einen Baum,
und sein Herz
war voller Unruhe.
Jesus aber
redete mit ihm,
wurde sein Freund
und kehrte bei ihm ein.

die vielen Menschen,
deren Herz rein ist,
weil ihnen das Gewissen
abhanden gekommen ist:
Sie sind keine Verbrecher,
keine Lügner,
keine Betrüger,
sondern Menschen
wie du und ich:
Mein Herz ist rein,
weil ich vieles verdränge.
Mein Herz ist rein,
weil ich nicht leiden kann.
Mein Herz ist rein,
weil ich
vieles er- und verkläre.
Mein Herz ist rein,
weil ich
ruhig schlafen möchte.

SIEBTE ASSOZIATION

Selig sind,	Selig sind
die Unruhe stiften;	die Friedfertigen;
denn sie lassen Menschen	denn sie werden
Gottes Kinder werden.	Gottes Kinder heißen.

Ich weiß,

daß vor 2000 Jahren,	daß es heute –
als die religiösen Führer	wo viele vom Frieden reden
in Palästina	und wenig dazu beitragen –
ihr gutes Leben	Menschen gibt,
mit Geld	die Frieden lieben
und Macht verbrachten,	und bereit sind,
ein Mensch	trotz allem
in die Welt	Blumen auszustreuen.
gekommen ist.	Sie reden nicht viel –
Er lehrte das Volk	man hört wenig von ihnen.
und stiftete Unruhe.	Sie pflanzen
Er beschimpfte	nur kleine Bäume,
die Priester	aber sie bringen
und nannte sie Heuchler.	ein wenig Schatten
Und durch ihn	für alle,
werden Gottes Kinder:	die Gottes Kinder
Arme und Unterdrückte,	heißen wollen:
Kranke und Ausgestoßene,	Arme und Reiche,
Blinde und Verachtete,	Kranke und Gesunde,
Stumme und alle,	Blinde und Sehende,
die zum Schweigen	Stumme und alle,
gebracht worden sind.	die reden möchten.

DURCH ALLE DIESE MEINE GEDANKEN UND ERINNERUNGEN
GEHT JESUS HEUTE AUF EINEN BERG,
SETZT SICH, TUT SEINEN MUND AUF, LEHRT UND SPRICHT:
SELIG SIND,
DIE UM GERECHTIGKEIT WILLEN VERFOLGT WERDEN;
DENN DAS HIMMELREICH IST IHR.
SELIG SEID IHR,
WENN EUCH DIE MENSCHEN UM MEINETWILLEN SCHMÄHEN
UND VERFOLGEN UND REDEN ALLERLEI ÜBLES WIDER EUCH,
SO SIE DARAN LÜGEN.
SEID FRÖHLICH UND GETROST,
ES WIRD EUCH IM HIMMEL WOHL BELOHNT WERDEN.

Mt 5,13–16: Ihr seid das Salz der Erde. Wo nun das Salz dumm wird, womit soll man's salzen? Es ist hinfort zu nichts nütze, denn daß man es hinausschütte und lasse es die Leute zertreten. Ihr seid das Licht der Welt. Es kann die Stadt, die auf einem Berge liegt, nicht verborgen sein. Man zündet auch nicht ein Licht an und setzt es unter einen Scheffel, sondern auf einen Leuchter; so leuchtet es denn allen, die im Hause sind. Also lasset euer Licht leuchten vor den Leuten, daß sie eure guten Werke sehen und euren Vater im Himmel preisen.

ERSTE ASSOZIATION

Wären die Christen das Licht, müßten sie mehr bereit sein, vieles zu teilen.	Ich habe Christen kennengelernt, die selbstverständlich teilten, als wären sie kein Licht.

Ich denke an

die vielen Christen in den Industrieländern. Würden sie die Hühnerknochen sammeln und nach Asien schicken, wenn sie wüßten, daß sich die Kinder dort freuen über Hühnerknochen, die ihnen geschenkt werden, um nicht zu verhungern?	Dom Helder Camara, der nicht bereit war, in's Bischofshaus zu ziehen, weil er den Ärmsten der Armen nahe sein wollte. Jenseits vom reichen Viertel bewohnte er ein einfaches Zimmer, damit wir nicht vergessen: Christus kommt auch heute eher zu Fuß als mit dem Flugzeug.

Zweite Assoziation

Wären die Christen das Licht, müßten sie andere besser verstehen können.	Ich habe von Christen gehört, die sich bemühten, andere zu verstehen.

Ich denke an

ein fünfzehnjähriges Mädchen, das mir erzählte, sie könne nicht an Christus glauben. Ich fragte, warum. Sie antwortete, ihre Freundin sei nach vielen Streitigkeiten mit ihrem Vater aus dem Haus gezogen. Der Vater, wie sie mir sagte, sei ein frommer, sehr frommer Mensch.	das erste Mal, als ich in Bethel war. Ich lernte Menschen kennen, die bereit waren, mit Behinderten zu sprechen. Da fielen mir die Menschen ein, die in meiner Heimat am schmutzigen Straßenrand bei Hitze und im Staub sitzen und betteln. Und jeder Mensch, der vorbeiging und einen Groschen gab, dachte an den Lohn, den er von Buddha empfängt.

DRITTE ASSOZIATION

Wären die Christen
das Licht,
müßten sie
fröhlicher sein,
als sie es sind.

Ich bin erstaunt
über jene Christen,
die fröhlich sind
trotz allem,
was sie erleiden.

Ich denke an

die vielen Christen,
die in guten Häusern
wohnen,
mit schönem Garten
und Swimmingpool.
In der Küche
finden sich
wie selbstverständlich
eine Gefriertruhe,
ein Geschirrspülautomat
und eingebaute Schränke.
Über Ostern machen sie
zwei Wochen Ferien
in Mallorca
und über Pfingsten
einen kurzen Urlaub
in Venedig.
Aber
in ihren Gesichtern
verbergen sich
tiefe Spuren
von Unzufriedenheit
und der Last
des Lebens.

einen Mann,
der seinem Freund schrieb:
»Deine Liebe, Bruder,
hat mir
große Freude gemacht.
Ich, ein alter Mann,
der für Jesus gefangen ist,
bitte dich für Onesimus,
der hier im Gefängnis
mein Sohn geworden ist.
Früher
hattest du an ihm
nur einen Nichtsnutz,
aber jetzt
kann er dir
und mir nützlich sein.
Ich schicke ihn
zu dir zurück,
und ich schicke dir
mit ihm
mein eigenes Herz
und bin sicher,
daß du meine Bitte
erfüllst.«

VIERTE ASSOZIATION

Wären die Christen das Licht, müßten sie im Kampf gegen Ungerechtigkeit entschiedener sein.	Ich bin ermutigt durch Christen, die im Kampf gegen Ungerechtigkeit standhaft gewesen sind.

Ich denke an

die vielen Menschen, die zu den Bahnhöfen unter Zwang von Gewehren abgeholt wurden. Christen haben es gesehen, davon gehört, aber die meisten haben den Mund nicht aufgemacht. In den engen Lagern wohnten jene dann wie Kaninchen zusammen, warteten auf ihren Tod. Reihe für Reihe wurden sie aufgestellt. Ein Schießbefehl – und sie fielen in die Massengräber. Reihe für Reihe wurden sie in die Gaskammer geführt. Ein Handgriff, und sie waren tot.

die wenigen Christen, die das Drama der Unmenschlichkeit nicht aushalten konnten, und das Unrecht, das Menschen niederdrückt, nicht erduldeten. Sie taten ihren Mund auf, redeten und redeten. Da wurden sie mundtot gemacht. Man nahm sie gefangen und steckte sie in den Kerker. Aber ihre Worte können wir bis heute noch hören, und ihre Taten sind wie ein Licht, das mich auf den Weg bringt, in dieser Welt mutig zu sein.

FÜNFTE ASSOZIATION

Wären die Christen
das Licht, könnten wir
nicht zusehen,
wie die Schwarzen
diskriminiert werden.

Gelegentlich
kam mir zu Ohren: Ein
Christ hat gekämpft gegen
Rassendiskriminierung –
und wurde ausgewiesen.

Ich denke an

die Christen,
die stolz sind
auf ihre schöne Kirche.
Sie haben ein großes
Versammlungshaus
und lassen für sich
Schwarze
in ihren Fabriken schuften.
Aber in der Kirche
dürfen nur Gott
und die Weißen sein,
damit sie die Loblieder
unüberhörbar
und laut singen können,
und alle Welt gewahr wird,
wie schön sie
Gott danken.

die Christen,
die zu kurz kamen,
weil sie schwarz sind.
Sie lebten mit Weißen
und Schwarzen,
sie sprachen mit Weißen,
sie sprachen mit Schwarzen.
Sie nahmen Mahlzeit bei beiden.
Sie feierten mit beiden.
Aber dann hielten sie es
nicht mehr aus
und fingen an zu reden,
zu handeln.
Und sie wurden
ausgewiesen
aus dem Land,
das sich christlich nennt.

ABSCHLIESSENDE ASSOZIATION

Ich bin
wie ein Licht,
unruhig und flackernd.
Wenn der Wind kommt
– kann ich dann bestehen?
Ich bin
wie ein Stück Salz,
ungeschützt und klein
zwischen Steinen und Erde.
Wenn der Regen fällt
– wo werde ich
noch zu sehen sein?

Ich möchte sein
wie ein Licht,
das wärmen
und leuchten will –
wie selbstverständlich
und ohne Aufhebens.
Ich möchte sein
wie das Salz,
das Kraft schenkt
und würzt,
wirkungsvoll und stark,
ohne stolz zu werden.

Mt 6,9b–13:
Unser Vater in dem Himmel!
Dein Name werde geheiligt.
Dein Reich komme.
Dein Wille geschehe
auf Erden wie im Himmel.
Unser täglich Brot gib uns heute.
Und vergib uns unsere Schulden,
wie wir unsern Schuldigern vergeben.
Und führe uns nicht in Versuchung,
sondern erlöse uns von dem Übel.
Denn dein ist das Reich
und die Kraft
und die Herrlichkeit
in Ewigkeit.
Amen.

Unser Vater in dem Himmel

Gott im Himmel,
können
wir
dich
wirklich so herzlich
Vater nennen?
Bist du nicht stumm,
wenn wir dich rufen?
Bist du nicht taub,
wenn wir dich fragen?
Bist du nicht fern,
wenn wir dich brauchen?

Du bist mir nah
in dem guten Baum,
der mir Schatten gibt;
in dem warmen Haus,
das mich geborgen hält;
in der Liebe jener Hand,
die auf mir liegt;
in dem Ruf deines Sohnes,
der zu mir kommt
und spricht.
Da bist du mir so nah,
daß ich dich Vater nenne.

DEIN NAME WERDE GEHEILIGT

Gott, wie ist dein Name? Heißt du Gerechtigkeit oder Barmherzigkeit? Macht oder Gewaltlosigkeit? Liebe oder Heiligkeit? Friede oder Kampf? Sanftmut oder Stärke?	Ich weiß nicht, Herr wie dein Name ist. Doch laß mich gerecht sein und zugleich barmherzig! Gib mir Kraft und verleihe mir Frieden! Bewahre mich in der Liebe, und schenke mir ein reines Herz! Herr, laß deinen Namen an mir geheiligt werden.

DEIN REICH KOMME

Gott, wer gehört zu deinem Reich? – die Frommen, die lange beten und so schön »Herr! Herr!« sagen? – die Christen, die reich sind und doch nicht bereit sind, mehr abzugeben? – die Gläubigen, die oft zur Kirche kommen, aber wenig an den Nächsten denken? – die Zweifler, die deinen Weg suchen und ihn leider nicht finden?	Ich weiß, daß ich nicht immer wahrhaftig sein kann, wie ein Christ eigentlich sein muß; daß ich nicht stark genug bin, bescheiden zu leben, wie ich es mir wünsche; daß ich nicht imstande bin, genug Liebe zu schenken, wie man es von mir erwartet; daß ich nicht fähig bin, die Wahrheit zu erkennen, wo es nötig ist. Herr, laß dein Reich zu mir kommen.

DEIN WILLE GESCHEHE AUF ERDEN WIE IM HIMMEL

Gott,
ist es
dein Wille,
daß wir krank werden?
Und warum
läßt du es zu,
daß Menschen
und Menschen
Jahr um Jahr
durch Katastrophen
umkommen?
Hast du denn
Freude daran,
daß Taube und Stumme,
Blinde und Lahme
geboren werden
und daß sie
am Straßenrand
und an den dunklen Ecken
der Slums der Stadt
das arme Schicksal
ihres Lebens
trostlos
verbringen?
Warum sorgst du
dich nicht darum,
daß die Güter
in der Welt
gerechter verteilt werden?

Herr,
ich möchte glauben,
daß du
die Welt neu machst;
daß Himmel und Erde
vergehen,
aber deine gute Absicht
bleibt,
daß Höhe und Tiefe
verschwinden,
aber dein guter Wille
geschieht;
daß wir Trost erhalten,
wenn wir krank werden;
daß Sehende
nicht blind bleiben,
sondern die Not erkennen;
daß Sprechende
nicht verstummen,
sondern Anwälte werden;
daß wir unsere Ohren
gebrauchen,
damit die Kranken,
die Sterbenden
und die Ratsuchenden
geduldige Ohren finden.
Herr,
laß deinen Willen
an uns geschehen.

UNSER TÄGLICH BROT GIB UNS HEUTE

Gott,
ist Brot nur das,
was aus Mehl besteht?
Oder ist es auch
– die tägliche Liebe,
die wir brauchen?
– tägliche Anerkennung,
die uns Sicherheit schenkt?
– die tägliche Vergebung,
die uns neue Wege öffnet?
– tägliche Zuwendung,
die uns fröhlich macht?
– tägliche Einsicht, die
uns Irrwege erkennen läßt?
– die tägliche Klarheit,
mit der wir alles
durchschauen können?

Herr,
ich hungere
nach Anerkennung und
Liebe,
nach Sicherheit und Stärke,
nach Klarheit und Einsicht,
nach Ruhe und Frieden,
nach Umarmung
und vergebender Annahme.
Herr,
ich dürste
nach einem Wort,
das mich tröstet
und mich fröhlich macht.
Darum gib mir heute,
Herr,
mein tägliches Brot!

UND VERGIB UNS UNSERE SCHULDEN
WIE WIR UNSERN SCHULDIGERN VERGEBEN

Ist Schuld nur,
– wenn ich mein Wort
nicht halte?
– wenn ich einmal versage?
– wenn ich meiner Pflicht
nicht nachkomme?
– wenn ich einen Unfall
verursache?
– wenn ich einen Menschen
beleidige?
Ist Schuld nicht auch,
– wenn ich schweige,
obwohl Unrecht vor
meinen Augen geschieht?
– wenn ich gleichgültig
bleibe,
obwohl man Unschuldige
umbringt?

Herr,
vergib mir meine Schuld,
– damit ich sie
nicht verdrängen muß,
wenn ich versage;
– damit ich
nicht vertuschen muß,
wenn ich nicht
den Mut finde,
Ungerechtigkeit
beim Namen zu nennen.
Herr, laß mich erkennen,
daß auch der andere
ein gutes Wort
von mir braucht
und daß ich ihn
frei machen kann
von der Last des Gewissens.

UND FÜHRE UNS NICHT IN VERSUCHUNG SONDERN ERLÖSE UNS VON DEM ÜBEL

Gott, bist du der, der uns versucht? Warum gibst du uns so viel Verantwortung, daß wir sie nicht mehr tragen können? Warum sind wir so frei, daß wir nicht wissen, wo unsere Grenzen sind? Warum haben wir so viel Macht, daß wir in der Welt und vor der Natur keinen Halt finden? Warum haben wir so viele falsche Gedanken, daß wir eher Böses tun als Gutes verwirklichen?	Herr, du bist der, der uns nach seinem Bild geschaffen hat. Darum möchte ich erwachsen sein, damit ich Verantwortung trage. Ich möchte den Raum, der mir zusteht, nicht überschreiten, damit ich meinen Nächsten nicht einschränke und mit ihm anecke. Herr, führe mich nicht in Versuchung, sondern erlöse mich von dem Übel.

DENN DEIN IST DAS REICH UND DIE KRAFT
UND DIE HERRLICHKEIT IN EWIGKEIT.
AMEN.

Mt 6,33–34 Trachtet am ersten nach dem Reich so wird euch solches alles zufallen. Darum sorget nicht für den anderen Morgen; denn der morgende Tag wird für das Seine sorgen. Es ist genug, daß ein jeglicher Tag seine eigene Plage habe.

DIE SORGE, DIE ICH HATTE,
WAR DIE SORGE UM LEBEN UND ÜBERLEBEN.

Im Jahr 1945, als die Bomben
auf die verschiedenen Städte
in Frankreich und in England fielen,
kamen die Japaner unverhofft und unangemeldet
mit einer Schar von Flugzeugen nach Vietnam
und bombardierten Städte und Dörfer.
Vater war in der Schule.
Mutter arbeitete auf dem Felde.
Ich war ein Jahr alt und schlief allein zu Hause.
Als Alarm gegeben wurde, flohen alle in den Bunker,
und mein Glück war, daß ein Fremder mich sah und mitnahm.

Damals lebte meine Familie
in einem kleinen Dorf im Mekongdelta.
Ein Jahr darauf, der Krieg ging weiter,
zogen meine Eltern in die Stadt.
Mit drei Lehrern bildeten sie eine Wohngemeinschaft,
lehrten gemeinsam in einer Schule,
hofften auf Ruhe, Glück und Frieden.
Rings um das hohe Bett
wurde ein Wall aus Steinen gebaut.
Das war unsere Zuflucht für den Ernstfall,
wenn die ersten Schüsse fielen.
Abends um acht wurde die Haustür abgeschlossen,
dann durfte niemand mehr laut reden.
Wir lauschten auf jedes Geräusch
und waren jederzeit bereit,
hinter die Mauer zu verschwinden.
Die Umwelt, den Sonnenuntergang
sahen wir nur noch durch ein kleines Loch in der Holzwand.

Vom vierten Lebensjahr an litt ich ständig unter Asthma.
Täglich Spritzen, Medikamente, Atemnot,

und kein Arzt konnte mir helfen.
Über gefährliche Straßen
fuhren meine Mutter und ich
in die unruhigste Gegend,
um einen berühmten Arzt zu besuchen,
denn sie hoffte,
daß ich doch noch gesund werden könnte.

Eines Abends hörten wir Schüsse.
Ich war schon acht,
fand es spannend, kletterte auf einen Stuhl,
beobachtete durch das Loch in der Holzwand
französische Soldaten,
die nervös auf und ab gingen.
Da kam mein Vater,
schimpfte mit mir und sagte,
ich müßte mich sofort verstecken.
Und ich merkte,
große Angst und Sorge waren in seinem Gesicht.

Als ich elf Jahre alt war,
lag ich mehrere Wochen krank im Bett.
Mein Vater holte von einem Mitschüler
die Schulaufgaben.
Ich lernte und arbeitete zu Hause,
damit ich nicht sitzenblieb.
Denn wer die Abschlußprüfung nicht bestand,
mußte die private Schule besuchen.
Davor hatten wir alle Angst,
weil uns das Geld dafür fehlte.

DIE SORGE, DIE ICH HATTE,
WAR DIE SORGE UM LEBEN UND ÜBERLEBEN.
GOTT ABER WEISS, ALLES WAS LEBT,
WIRD WACHSEN UND VERGEHEN, BLÜHEN UND VERWELKEN.

Als ich zehn Jahre alt war, hatte ich einen Freund,
der öfters zu mir kam und mit mir spielte.
Eines Tages gingen wir zu einem Fluß.
Wir wollten ihn überqueren, um ans andere Ufer zu gelangen.
Denn dort waren seltsame Pflanzen mit herrlichen Blüten,
aber mein Vater hatte mir verboten, dorthin zu gehen –
wegen gefährlicher Schlangen,

und weil der Sumpf unberechenbar war.
Als wir das andere Ufer erreicht hatten, waren wir glücklich
wie Kinder, die nichts mehr zu wünschen haben.
Da pflückte ich die schönste Blume und dachte bei mir,
wie nah waren beieinander: Schönheit und Tod,
Gefahr und Leben.
Denn verwelken die Blumen nicht,
damit sich die Pflanzen vermehren?
Und liegt nicht schon im Blühen das Vergehen,
im Verwelken schon das neue Leben?
Bleibt nicht alles, was lebt und stirbt,
verwelkt und blüht, in der Hand des Schöpfers geborgen?

DIE SORGE, DIE ICH HATTE,
WAR DIE SORGE UM LEBEN UND ÜBERLEBEN.
GOTT ABER WEISS, ALLES WAS LEBT
WIRD WACHSEN UND VERGEHEN, BLÜHEN UND VERWELKEN.
SEINE SORGE ABER IST
DIE SORGE UM DAS EIGENTLICHE LEBEN IM TOD UND IM LEBEN.

Das eigentliche Leben im Leben und im Tod ist sein Reich.
Es ist die Stelle, wo der Mensch Mensch geworden ist,
wo er nicht Opfer des anderen bleibt,
wo er die Macht, die ihm gewährt ist, nicht mißbraucht,
wo er die Freiheit zu nutzen weiß,
den anderen bestehen läßt,
die Liebe begreift und vorbildlich lebt,
seinen Wert nicht von der Leistung ableitet,
sich bejaht und annimmt.
Ja, er kann Mensch werden, wie Gott einer war und ist:
in Jesus Christus. Ihm gehört die Kraft und das Reich.

DIE SORGE, DIE ICH HATTE,
WAR DIE SORGE UM LEBEN UND ÜBERLEBEN.
GOTT ABER WEISS, ALLES WAS LEBT
WIRD WACHSEN UND VERGEHEN, BLÜHEN UND VERWELKEN.
SEINE SORGE ABER IST
DIE SORGE UM DAS EIGENTLICHE LEBEN IM TOD UND IM LEBEN.
DARUM: TRACHTET ZUERST NACH DEM REICH GOTTES
UND SEINER GERECHTIGKEIT,
SO WIRD EUCH DAS ALLES ZUFALLEN.

Mt 7,7: Bittet, so wird euch gegeben; suchet, so werdet ihr finden; klopfet an, so wird euch aufgetan.

Ich bitte, ich suche, ich klopfe an
und sage, was ich mir wünsche.

Als ich zur Schule ging
und merkte, wie ungerecht die Lehrer sind,
träumte ich davon,
in der Wüste leben zu können.

Als ich abends spazieren ging,
und mir begegnete ein Blinder und bettelte,
da schmerzte mich die Frage:
Warum müssen wir Menschen so verschieden sein?

Als ein Schüler von mir Geld lieh
und es nicht zurückgab,
hatte ich das Bedürfnis,
ihn zu schlagen.

Als ich sechs Jahre alt war
und zufällig sah,
wie ein Mann mit der Axt seine Frau erschlug,
packte mich schreckliche Angst.

Als ich einem Mitschüler half
und er dadurch bessere Noten als ich bekam,
konnte ich die Welt nicht mehr verstehen.
Ich war bereit, in eine andere Welt zu fliehen.

Als ich an den Villen der Franzosen vorbeiging
und die schönen Gärten erblickte,
stieg in mir die Wut hoch, und ich fragte:
Ist das hier denn nicht mein Land?

Ich bitte, mir wird gegeben.
Ich suche, ich werde finden.
Ich klopfe an, mir wird aufgetan.
Ich sage meine Wünsche, und sie werden erfüllt.

Ist es wahr?
Ich stelle fest, daß mein Asthma
durch eine Fastenkur zurückgegangen ist

und nicht dadurch, daß ich gebetet habe.
Heute,
wenn ich tausend Gebete verrichte,
aber übermäßig esse und trinke,
sitze ich mit Sicherheit
bald vor dem Schreibtisch meines Hausarztes.

Wenn ich tausendmal wünsche,
daß der Krieg aufhört,
aber nichts dagegen unternehme,
kann ich sicher sein,
daß Männer, Frauen und Kinder weiter umkommen
und vielleicht auch ich.

Wenn ich Gerechtigkeit suche,
aber nicht wage, den Mund aufzutun,
gegen das Unrecht zu appellieren,
wird mir dann jemand glauben,
daß Gott eingreifen wird?

Wenn ich einem Bettler begegne
und Gott klage, bitte und zu ihm schreie,
aber nicht bereit bin,
einen einzigen Groschen zu geben,
glaubst du dann,
daß sich der Bettler freut?

Wenn ich meinen Mitschüler totschlage,
nur weil er mich betrügt,
und ich dann zu Gott komme
und an seine Tür anklopfe,
meinst du,
er wird mir die Tür aufmachen?

Wenn ich sehe,
wie sich Menschen vor meiner Haustür gegenseitig ermorden,
und ich schnell die Tür zuschließe,
damit ich in Sicherheit bin,
kann ich dann ruhig beten, daß mich keine Kugel trifft?

Wenn ich dagegen bin,
daß Fremde mein Land besetzen,

aber die Hände in den Schoß lege,
die Bibel aufschlage,
bete und singe,
werden die Besetzer sich dann zurückziehen?

Ich bitte, und es wird mir anderes gegeben.
Ich suche, aber es wird mir eine andere Tür aufgetan.
Ich sage meine Wünsche, sie gehen anders in Erfüllung.
Denn nicht mehr mein Wille,
sondern dein Wille geschehe.

Im Garten Gethsemane im jüdischen Lande
saß ein Mensch
voller Angst und Traurigkeit,
denn der Tod war ihm nahe.
Da warf er sich nieder,
betete und sprach:
»Mein Vater, ist's möglich,
so gehe dieser Kelch von mir,
doch nicht, wie ich will,
sondern wie du willst!«
Aber Gott ließ ihn den bitteren Kelch trinken:
Er starb, obwohl er sich das Leben wünschte.
Er wurde geschlagen und gepeinigt,
obwohl er den Schmerzen ausweichen wollte.
Aber aus dem Leiden entstand ein neues Glück,
aus dem Verwelken eine neue Blume.
Er ging dahin,
aber Gott ließ ihn wiederkommen.
Er starb,
aber Gott gab ihm das Leben zurück,
damit er lebt,
und wir sollten auch leben.

Darum bittet, so wird euch gegeben;
suchet, so werdet ihr finden;
klopfet an, so wird euch aufgetan.
Denn wer da bittet, der empfängt;
und wer da sucht, der findet;
und wer da anklopft, dem wird aufgetan;
und wer stirbt, der erwacht zum ewigen Leben,
denn Er lebt, und wir sollten auch leben.

Mt 7,12: Alles nun, was ihr wollt, daß euch die Leute tun sollen, das tut ihr ihnen auch. Das ist das Gesetz und die Propheten.

Erste Assoziation

Ich saß am Schreibtisch. Eine Stunde vor der Beerdigung. Aber meine Ansprache war noch nicht fertig. Da kam meine Frau, dann meine Tochter, dann klopfte es an der Tür, dann klingelte das Telefon, dann kam der Schornsteinfeger und dann wieder meine Tochter. Ich wollte, daß die Leute mich in Ruhe lassen.	Ich hatte ein großes Problem, wollte mit meiner Frau darüber sprechen. Sie saß vor dem Fernseher und sagte, sie interessiere sich für den Film, und sie wolle nicht gestört werden. Ich fragte sie trotzdem noch einmal. Sie gab mir keine Antwort. Da ich nicht warten konnte, fragte ich sie wieder. Da wurde sie ärgerlich und sagte: »Störe mich bitte jetzt nicht!«

Zweite Assoziation

Ich habe einen Freund gebeten, mir von seinem Urlaub ein Andenken mitzubringen. Er kam zurück, brachte nichts, denn er hatte es vergessen. Ich war enttäuscht. Und die Freundschaft wäre beinahe in die Brüche gegangen.	Ich bin von meiner Frau gebeten worden, beim nächsten Einkauf ein kleines Spielzeug für unsere Tochter mitzubringen. Als ich nach Hause kam, hatte ich es vergessen. Meine Tochter war enttäuscht. Und ich konnte sie nicht trösten, wie ich wollte.

Dritte Assoziation

Ein Student
hatte mir versprochen,
bei einer Jugendfahrt
mitzukommen,
um mir zu helfen.
Dafür wollte er
einen Bus kaufen.
Doch
kurz vor der Fahrt
teilte er mir mit,
daß er doch
keinen Bus kaufen könne,
da ihm das Geld fehle.
Da saß ich da
und hätte tausendmal
schreien können.

Ich habe
von einem Studenten
einen Fotoapparat gekauft
und habe versprochen,
ihm in einem Monat
das Geld zu geben.
Als es soweit war,
hatte ich
leider
das Geld nicht zusammen.
Ich versuchte,
ihm zu erklären,
wie es dazu gekommen war.
Aber so sehr ich es wollte,
er konnte
mich nicht verstehen.

Vierte Assoziation

Ich sollte
eine Bibelstunde halten
und hatte ja dazu gesagt.
Doch zur Vorbereitung
hatte ich keine Zeit.
Auch keinen
richtigen Kommentar
habe ich gefunden.
Als ich
ins Gemeindehaus ging,
war der Raum kalt,
denn ich hatte vergessen,
die Heizung anzustellen.
Dann verlief
die Stunde schlecht,
und alle
waren unzufrieden.
Alle kritisierten mich
und ich versuchte,
mit allerlei Erklärung
aus der Misere
herauszukommen.

Ich war
bei einer Veranstaltung,
hatte viel dafür bezahlt
und mich
schon seit Tagen
darauf sehr gefreut.
Aber die Organisation
war schlecht.
Die Lautsprecheranlage
funktionierte nicht richtig.
Die Bühne war zu niedrig,
der Raum zu klein,
die Stühle zu klapprig
und das Licht zu dunkel.
Als die Veranstaltung
zu Ende war,
ging ich
zu dem Veranstalter
und kritisierte ihn.
Und er versuchte
und versuchte,
mir alles zu erklären.

FÜNFTE ASSOZIATION

Ich wohnte
mit zwei Studenten
in einem Haus.
Der eine ließ
seine Schuhe liegen,
machte das Bett nicht,
obwohl er verlangte,
wir sollten ordentlich sein.
Der andere ließ
seine Bücher
auf dem Boden
und seine Zigarettenasche
auf dem Tisch liegen.
Wenn ich ihn
darauf ansprach,
wurde er ungehalten.

Ich war gewohnt,
Musik zu hören:
erst eine gute Sinfonie,
dann
ein schönes Konzert . . .
Und im Schlafzimmer
baute ich eine Stereo-Anlage.
Erst sagte niemand etwas,
da ich Ausländer war.
Sie ließen mich in Ruhe.
Dann wurden sie ärgerlich,
als sie es
nicht mehr aushielten.
Und ich sagte:
»Das hat euch aber lange
nicht gestört!«

SECHSTE ASSOZIATION

Ich fuhr
auf der Bundesstraße
Celle / Hannover.
Da kam
ein Wagen von hinten,
hupte und hupte.
Der Fahrer
machte ein Zeichen,
ich sollte schneller fahren.
Aber mein Auto
hatte nur 34 PS.
Und als ich
aus lauter Aufregung
den Motor abwürgte,
da zeigte er mir
einen Vogel.

Wiederum fuhr ich
auf der Bundesstraße
Celle / Hannover.
Diesmal war ich in Eile,
mußte unbedingt
bei einer Verabredung
pünktlich sein.
Aber vor mir
fuhr eine Wagenkolonne
der Bundeswehr.
Ich versuchte
und versuchte, einen Wagen
nach dem anderen
schnell zu überholen
und war sehr verärgert,
als ich zu spät ankam.

WAS WIR VON DEM ANDEREN ERWARTEN,
IST SO SCHWER ZU ERFÜLLEN WIE DAS,
WAS GOTT VON UNS WILL,
NÄMLICH VERSTÄNDNIS, LIEBE UND VERGEBUNG.
DENN DAS IST DAS GESETZ UND DIE PROPHETEN.

Mt 7,13–14: Gehet ein durch die enge Pforte. Denn die Pforte ist weit, und der Weg ist breit, der zur Verdammnis abführt; und ihrer sind viele, die darauf wandeln. Und die Pforte ist eng, und der Weg ist schmal, der zum Leben führt; und wenige sind ihrer, die ihn finden.

Es ist wahr, der Weg ist breit,
und viele sind es, die sich anpassen.

Als Hitler an die Macht kam
und Liebe zum Vaterland predigte
und davon sprach,
daß Deutschland die größte Macht sei,
jubelte die Volksmenge,
glaubte an ihn
und träumte von dem großen Tag.
Als er dann sagte,
alle sollten die Juden hassen,
da wurden die Juden gehaßt.
Als er dann sagte,
alle sollten Gewehre nehmen,
da wurden die Gewehre genommen.
So war es bei Hitler.
So war es früher bei den Königen.
So ist es heute mit der Manipulation.

Es ist wahr, der Weg ist breit,
und viele sind es, die gern konsumieren.

Jugendliche kommen zusammen
im Gemeindehaus
oder im Jugendheim;
da sitzen sie, da gammeln sie.
Sie erwarten,
daß einer für sie da ist:
für sie sauber macht,
für sie den Dreck aufhebt,
für sie die Zigarettenasche beseitigt.

Es ist wahr, der Weg ist breit,
und viele sind es, die sich leicht gehen lassen.

Jeder Mensch von heute weiß,
daß langes, ungeplantes Fernsehen
für Kinder,
Jugendliche und Erwachsene
schädlich ist.

Und doch,
wie viele sind es,
die das Fernsehen anschalten,
wenn sie Feierabend haben
oder wenn sie mit der Hausarbeit fertig sind.
Und wie viele sind es,
die schon müde sind,
aber ihren Apparat nicht abschalten können?

Es ist wahr, der Weg ist breit,
und viele sind es, die nicht verzeihen können.

Lebt man nicht zusammen,
lernt man wenig voneinander kennen.
Lebt man aber zusammen,
lernt man zuviel voneinander kennen.
Die Schwächen häufen sich:
Du bist unpünktlich, rücksichtslos,
launisch, ungehalten, undeutlich, unordentlich.
Die Liebe vergeht.
Die Ehe wird lästig.
Keiner will den anderen annehmen,
wie er ist, wie er war und wie er sein wird.

Es ist wahr, der Weg ist breit,
und viele sind es, die gleichgültig sind.

Ich saß in einem Studentenlokal,
lernte einen Seemann kennen.
Wir unterhielten uns
über Afrika, Lateinamerika und Asien.
Am Ende waren wir uns einig:
Die Entwicklungsländer werden reicher,
durch die westliche Hilfe selbstverständlich.
Aber die Reichen werden ja auch reicher.
»Ja«, sagte der Seemann,

»das Gefälle in der Wirtschaft
zwischen den Ländern,
das bleibt.«
Jeder weiß davon. Jeder lebt davon.
Aber kaum einer wird einmal nicht gleichgültig bleiben.

Es ist wahr, der Weg ist breit,
und viele sind es, die üppig leben.

Der Ölpreis steigt.
Die Energie wird knapp.
Die Flüsse stinken.
Die Städte sind bald unbewohnbar.
Die Luft ist schmutzig.
Das ist die eine Seite der Welt;
und die andere:
Die Zahl der Menschen steigt.
Die Kinder kommen um.
Die Unruhe wächst.
Aber kaum einer ist bereit,
einfacher zu leben,
weniger zu kaufen,
einsichtiger zu werden.

Es ist wahr, der Weg ist schmal,
und wenige sind es, die darauf wandeln.

Wenige sind es,
die bereit sind, umzudenken.
Wenige sind es,
die sich nicht anpassen,
die nicht konsumieren,
die sich nicht gehen lassen,
die nicht nachtragend sind,
die nicht gleichgültig sind,
die nicht üppig leben.
Sie wollen nicht umdenken
und wagen nicht, den Weg zu gehen,
zu dem Gott uns einlädt,
denn sie wissen nicht,
daß Glück und Freude
hinter der engen Pforte der Liebe zu finden sind.

Mt 8,20b: Die Füchse haben Gruben, und die Vögel unter dem Himmel haben Nester; aber des Menschen Sohn hat nichts, da er sein Haupt hinlege.

AM ANFANG WAR DER SCHREI.

In einem dunklen Stall,
nah bei Ochs und Esel,
saßen Maria und Joseph,
beide einsam und ohne Worte.
Sie warteten auf das Kind.
Maria wurde müde,
und Joseph wollte sich ausruhen.
Da schlug die Stunde,
da kam Gott in die Welt
und schrie laut.

AM ANFANG WAR DER SCHREI,
DANACH DAS UNVERSTÄNDNIS DER ELTERN.

Zum Passahfest
wanderte eine jüdische Familie
von Nazareth nach Jerusalem.
Die Eltern waren Handwerker,
und der Sohn war zwölf Jahre alt.
Als das Fest vorüber war,
gingen die Eltern nach Hause,
ohne nach dem Sohn zu schauen,
denn sie dachten,
ihr Sohn sei unter den Reisegefährten.
Als sie ihn aber nach einer Tagereise
unter den Verwandten und Bekannten
nicht fanden,
gingen sie nach Jerusalem zurück,
suchten ihn und suchten ihn
und fanden ihn schließlich im Tempel.
Er saß unter den Lehrern,
hörte ihnen zu und fragte sie,
daß sie sich wunderten.
Aber dafür hatten die Eltern kein Verständnis.

AM ANFANG WAR DER SCHREI,
DANACH DAS UNVERSTÄNDNIS DER ELTERN,
DANN DIE TAUFE, ALS OB ER SCHULDIG WÄRE.

An dem Fluß Jordan
im jüdischen Land
stand ein Mann
namens Johannes
und rief:
»Wer schuldig geworden ist,
der komme zu mir,
tue Buße
und lasse sich taufen.«
Da kam ein Mensch,
ließ sich von ihm taufen,
als ob er schuldig wäre.
Und Gott sprach:
»Dies ist mein lieber Sohn,
an dem ich Wohlgefallen habe.«

AM ANFANG WAR DER SCHREI,
DANACH DAS UNVERSTÄNDNIS DER ELTERN,
DANN DIE TAUFE, ALS OB ER SCHULDIG WÄRE.
SEINE ERSTEN KUMPEL WAREN EINFACHE FISCHER.

Im Gebiet von Sebulon und Naftali,
am Galiläischen Meer,
ging ein Mann
am Hafen entlang.
Er sprach die Fischer an,
Simon und Andreas.
Zwei unbekannte Menschen,
die wahrscheinlich weder lesen noch schreiben konnten.
sie verdienten ihr Brot
durch Schweiß und harte Arbeit.
Als sie ihren neuen Freund fanden,
ließen sie ihre Netze am Ufer liegen
und wanderten zu dritt.

Am Anfang war der Schrei,
danach das Unverständnis der Eltern,
dann die Taufe, als ob er schuldig wäre.
Seine ersten Kumpel waren einfache Fischer.
Als er mit ihnen durch das jüdische Land zog
und Unruhe stiftete,
wurde er angefeindet und verfolgt.

Ein Mann ohne festen Wohnsitz
zog mit seinen Freunden
durch das jüdische Land,
predigte, predigte und predigte
gegen die vorherrschende religiöse Praxis
und das heuchlerische Kirchensystem,
mit dem Hohenpriester an der Spitze
und mit den vielen armen Gläubigen an der Basis.
Da schalteten sich
die Hohenpriester
und die Schriftgelehrten ein.
Sie haßten den nicht seßhaften Mann,
suchten ihn und verfolgten ihn,
denn sie sahen ihre Verfassung
zunehmend durch ihn gefährdet
und konnten ihn darum nicht dulden.

Am Anfang war der Schrei,
danach das Unverständnis der Eltern,
dann die Taufe, als ob er schuldig wäre.
Seine ersten Kumpel waren einfache Fischer.
Als er mit ihnen durch das jüdische Land zog
und Unruhe stiftete,
wurde er angefeindet und verfolgt.
Man fand ihn schliesslich in einem Garten,
nahm ihn gefangen
und tötete ihn
mit zwei weiteren Gesetzesbrechern
am Kreuz.

Mt 8,22b: Folge du mir und laß die Toten ihre Toten begraben!

DASS JEMAND ATMET,
HEISST NOCH NICHT,
DASS ER LEBT.
DENN
ES GIBT AUCH DEN TOD MITTEN IM LEBEN:
DEN SOZIALTOD,
DEN NIMMERSATT-TOD,
DEN KONKURRENZTOD
UND DEN ERFOLGSZWANGTOD.

ASSOZIATION ZUM SOZIALTOD

In einem Gespräch
sagte mir einer,
seit zwei Jahren
spreche ich nicht
mit meinem Sohn.
»Warum?«
fragte ich ihn.
Er antwortete:
»Mein Sohn ist
seit zwei Jahren
mit einer Dirne verheiratet.
Er ist für mich gestorben.
Ich habe
keinen Sohn mehr.«

Ich möchte
Jesus nachfolgen,
der sich nicht scheute,
bei den Dirnen
zu sein und zu bleiben.
Ich möchte
mit dem Mann sprechen,
für den sein Sohn
gestorben ist,
daß er mit ihm spricht,
daß er ihn nicht haßt,
daß seine Liebe
seinen Sohn
lebendig machen kann.

Assoziation zum Nimmersatt-Tod

Leben wirklich
die Menschen,
die nimmersatt sind?
Sie jagen
nach Ansehen und Ruhm,
nach all dem,
was man so Leben nennt.
Das zwanghafte
Mehrseinwollen,
die offensichtlichen
Verlogenheiten
machen die Fassaden
dessen aus,
was man so Leben nennt.
Aber unbemerkt
haben sie
mit ihren Zwängen
ihr Leben schon abgetötet.

Ich möchte
Jesus
nachfolgen,
der in seinen Tagen durch
Ungezwungenheit und
ein natürliches Menschsein
den Nimmersatt-Toten
das Leben gebracht hat.
Ich möchte
mit den Menschen
so leben,
daß wir die angeblichen
Wichtigkeiten
als nebensächlich
erkennen.
Denn sie verhindern,
daß wir Menschen zu uns
und zum anderen kommen.

Assoziation zum Konkurrenztod

Es gibt Menschen,
die in jedem anderen
nur einen Konkurrenten
zu sehen vermögen.
Sie fühlen sich
bei jeder anderen Meinung
schnell angegriffen.
Sie stehen ständig
unter dem Zwang,
alles zu werten,
was der andere hat:
Kleidung,
Haarschnitt,
Auto,
Haus
oder Garten.
Solch zwanghaftes Leben
gehört schon dem Tod.

Ich möchte
Jesus nachfolgen,
der in seinen Tagen
solche Konkurrenztoten
durch seine Liebe
ins Leben zurückbrachte.
Ich möchte Menschen
von Konkurrenz befreien,
damit sie fähig werden,
mit anderen zu leben.
Ich möchte
ihnen helfen,
sich mit anderen zu freuen
und mit ihnen zu leiden.
Denn das ist
das eigentliche Leben,
im Tod
und im Leben.

Assoziation zum Erfolgszwangtod

Bringt uns
wirklich
der Glaube an den Erfolg
Glück
und Leben?
Muß ich
immer
Erfolg haben?
Der Erfolgszwang
und die Angst
vor dem Versagen
haben manchem
schon das Leben
mitten im Leben
zunichte gemacht.

Ich möchte
Jesus
nachfolgen,
der in seinen Tagen
solchen Erfolgszwangtoten
das Leben zurückschenkte.
Ich möchte
Menschen befreien
von dem Erfolgszwang
und der Angst
vor dem Versagen,
damit sie,
so wie sie sind,
selbstverständlich
leben können.

Mitten im Leben
gibt es doch viele Tote.
Darum höre ich auf den,
der spricht:
Folge du mir,
und lass die Toten ihre Toten begraben.

Mt 9,13 c: Ich bin gekommen, die Sünder zur Buße zu rufen und nicht die Gerechten.

ICH BIN GEKOMMEN,
DIE SÜNDER | UND NICHT
ZUR BUSSE ZU RUFEN | DIE GERECHTEN

ERSTE ASSOZIATION

Wenn ich an mich denke, weiß ich, daß ich unvollkommen bin. Ich glaube nicht immer an mein Gelingen und bitte dich: Herr, hilf mir, im Versagen durchzuhalten. | Manche Menschen leben so, als ob sie vollkommen wären. Sie glauben an ihr Gelingen und müssen ihr Versagen verdrängen.

UND

Wenn ich mit anderen umgehe, tue ich oft so, als ob sie vollkommen wären. Ich erwarte von ihnen zu viel und bitte dich darum: Herr, befreie mich von der Last, die ich auf meinen Nächsten lege. | Manche Menschen leben so, als ob die anderen vollkommen wären. Sie erwarten von den anderen zu viel und können nicht verstehen, wenn andere ihre Wünsche nicht erfüllen.

ICH BIN GEKOMMEN,
DIE SÜNDER | UND NICHT
ZUR BUSSE ZU RUFEN | DIE GERECHTEN

ZWEITE ASSOZIATION

Wenn ich an mich denke, weiß ich, daß ich nicht immer gerecht bin. Ich möchte nicht immer an mein Recht glauben und bitte dich: Herr, hilf mir, die Rechte des andern zu erkennen.	Manche Menschen leben so, als ob sie gerecht wären. Sie glauben an ihr Recht und können die Rechte anderer nicht dulden, nicht wahrnehmen und nicht anerkennen.

UND

Wenn ich mit anderen umgehe, tue ich oft so, als ob sie gerecht wären. Ich erwarte von ihnen zu viel und bitte dich darum: Herr, befreie mich davon zu denken, die anderen müßten für mich gerecht sein.	Manche Menschen leben so, als ob die anderen gerecht wären. Sie erwarten von den anderen Gerechtigkeit und können nicht begreifen, wenn andere ohne Absicht ungerecht sind.

ICH BIN GEKOMMEN, DIE SÜNDER ZUR BUSSE ZU RUFEN	UND NICHT DIE GERECHTEN

Dritte Assoziation

Wenn ich an mich denke, weiß ich, daß ich nicht immer liebevoll bin. Ich glaube darum nicht an meine Fähigkeit und bitte dich: Herr, laß mich Liebe erfahren, damit ich lieben kann.	Manche Menschen leben so, als ob sie lieben könnten. Sie glauben an ihre Liebe und können ihre Lieblosigkeit, die sie anderen antun, nicht zugestehen.

UND

Wenn ich mit anderen umgehe, tue ich oft so, als ob sie immer liebevoll sein könnten. Ich erwarte von ihnen übermenschliche Liebe und bitte dich darum: Herr, befreie mich von dem Zwang, andere zu drängen.	Manche Menschen leben so, als ob die anderen lieben könnten. Sie erwarten von anderen große Liebe und können nicht damit rechnen, daß andere auch einmal mit ihrer Liebe am Ende sind.

Ich bin gekommen,

Die Sünder zur Busse zu rufen	und nicht die Gerechten

Vierte Assoziation

Wenn ich an mich denke, weiß ich, daß ich schwach bin. Ich zweifle an meiner Stärke und bitte dich: Herr, hilf mir, daß ich mit meiner Schwäche lebe.	Manche Menschen leben so, als ob sie stark wären. Sie glauben an ihre Stärke und müssen ihre Schwäche zudecken oder überspielen.

UND

Wenn ich mit anderen umgehe, tue ich oft so, als ob sie stark sein könnten. Ich erwarte von ihnen zu viel und bitte dich: Herr, hilf mir, daß ich die Schwäche anderer ertrage.	Manche Menschen leben so, als ob die anderen stark wären. Sie erwarten von den anderen Wunder und können nicht ertragen, wenn sie bei anderen große Schwächen entdecken.

ICH BIN GEKOMMEN,

DIE SÜNDER ZUR BUSSE ZU RUFEN	UND NICHT DIE GERECHTEN

FÜNFTE ASSOZIATION

Wenn ich an mich denke, weiß ich, daß ich nicht überzeugend lebe. Ich möchte den Glauben besser vorleben und bitte dich: Herr, schenke mir die Kraft, deinen Willen zu verwirklichen.	Manche Menschen leben so, als ob sie andere immer überzeugen müßten. Sie glauben an ihre Überzeugung und können mit Andersgläubigen und Andersdenkenden nicht leben.

UND

Wenn ich mit anderen umgehe, hoffe ich manchmal, daß sie mir Sicherheit geben. Ich erwarte von ihnen zu viel und bitte dich: Herr, laß mich in dir allein geborgen sein.	Manche Menschen leben so, als ob andere überzeugend sein müßten. Sie erwarten von den anderen starken Glauben und sind enttäuscht, daß auch andere auf der Suche nach ihrem Weg sind.

ICH BIN GEKOMMEN, DIE SÜNDER ZUR BUSSE ZU RUFEN	UND NICHT DIE GERECHTEN

SECHSTE ASSOZIATION

Wenn ich an mich denke, weiß ich, daß ich kein guter Mensch bin. Ich höre die Kritik meiner Freunde und bitte dich: Herr, hilf mir, gütiger zu sein, als ich kann.	Manche Menschen leben so, als ob sie gute Menschen wären. Sie glauben an ihre Güte und merken nicht, daß sie nur nach ihrem Maßstab gut sind.

UND

Wenn ich mit anderen umgehe, denke ich oft, daß sie immer gut sein müßten. Ich erwarte von ihnen große Güte und bitte dich: Herr, laß mich nicht verärgert sein, wenn andere nicht gütig sein können.	Manche Menschen leben so, als ob andere gut wären. Sie erwarten von den anderen große Güte und können nicht verzeihen, wenn andere nicht fähig sind, immer gütig zu sein.

ICH BIN GEKOMMEN, DIE SÜNDER UND NICHT ZUR BUSSE ZU RUFEN DIE GERECHTEN

SIEBTE ASSOZIATION

Wenn ich an mich denke, weiß ich, daß ich nicht klug bin. Ich kann viele Probleme nicht lösen und bitte dich: Herr, laß mich verstehen, warum andere anders denken.	Manche Menschen leben so, als ob sie klug wären. Sie glauben an ihre Klugheit und müssen darum andere Meinungen für dumm und falsch halten.

UND

Wenn ich mit anderen umgehe, erwarte ich auch, daß sie für mich denken. Ich merke, daß auch sie nicht weiterkommen und bitte dich: Herr, hilf uns, so zu sein, wie wir sind.	Manche Menschen leben so, als ob die anderen klug wären. Sie erwarten von den anderen Klugheit und sind überrascht, wenn andere ihre Erwartungen nicht erfüllen.

ICH BIN EIN CHRIST,
WEIL ICH WEISS, DASS ICH NICHT
VOLLKOMMEN UND GERECHT,
STARK UND GUT,
KLUG UND LIEBEVOLL BIN.
DARUM BITTE ICH DICH:
HERR,
MACHE MICH VOLLKOMMEN UND GERECHT,
SCHENKE MIR KLUGHEIT, STÄRKE UND GÜTE,
ABER HILF MIR AUCH ZU LEBEN, ZU DENKEN UND ZU HANDELN,
AUCH WENN ICH NICHT MEHR SEIN KANN, ALS ICH BIN.

Mt 10,16b: Seid klug wie die Schlangen und ohne Falsch wie die Tauben.

Erste Assoziation

Uns ist gesagt,
wir sollen uns
von Gott
kein Bildnis machen;
das heißt sicherlich nicht:
nicht mehr von ihm reden,
nicht mehr
von ihm her denken,
sich keine Vorstellung mehr
von ihm machen;
sondern vielmehr:
zwar von ihm reden,
von ihm her denken,
aber die Vorstellung,
die wir von ihm haben,
nicht für Gott selbst
halten
oder als Letztgültiges
hinstellen
gegen alles,
was andere denken
und glauben.
Und als ich dies schrieb,
spürte ich
einen Biß der Schlange
an meinem linken
Auge.

Ich wünsche,
daß die Christen
durch ihre andere Art,
von Gott zu reden,
bereiter sind,
ihr Gottesbild zu ändern.
Ich wünsche,
daß die kirchlichen
Mitarbeiter,
die im Dienst
des einen Gottes sind,
wegen ihrer Gottes-
vorstellung, die sie
aufgrund ihrer Erziehung
und ihrer
Umwelt
und ihrer Geschichte
erhalten haben,
aufhören, als Feinde
auf dem weltweiten
Gottesacker
zu leben und zu handeln.
Und als ich dies schrieb,
merkte ich, wie leicht wir
unsere Vorstellung von Gott
mit Gott selbst
verwechseln.

ZWEITE ASSOZIATION

Uns ist gesagt,
wir sollen
den Feiertag heiligen,
das heißt sicherlich
nicht nur: Zeit für
körperliche Entspannung,
geselliges Beisammensein
und vielleicht
Fernsehkonsum,
sondern vielmehr:
gesonderte Zeit,
die im Ablauf der Woche
eingeplant ist,
Zeit für Muße,
zum Nachdenken,
zur Besinnung,
Zeit, in der
ich zu mir,
zu meiner Familie
oder zu Gott
finde.
Und als ich dies schrieb,
spürte ich
einen Biß der Schlange
an meiner rechten Schulter.

Ich wünsche,
daß die Christen sich
von dem Sog der Zeit
nicht ziehen lassen,
daß sie in den vielen
Lebensmöglichkeiten,
die sie umfangen,
nicht untergehen.
Ich wünsche,
daß die kirchlichen
Mitarbeiter,
die am Feiertag
im Dienst sind,
nicht nur
vom Feiertag reden,
sondern für sich selber
Zeit finden;
Zeit, in der
sie zu sich,
zu ihrer Familie
und zu Gott finden.
Und als ich dies schrieb,
spürte ich,
wie falsch ich
Freizeit gestaltet habe.

DRITTE ASSOZIATION

Uns ist gesagt,
wir sollen
unsere Eltern ehren,
das heißt sicherlich
nicht nur,
daß wir
von unseren Kindern
Ehre
und Achtung erwarten,
Respekt
und Liebe verlangen;
sondern daß wir
unsere eigenen Eltern,
die gebrechlich
geworden sind
und die
unserer Hilfe bedürfen,
ehren und achten,
respektieren und lieben.
Und als ich dies schrieb,
spürte ich
einen Biß
der Schlange
an meinem rechten Ohr.

Ich wünsche,
daß die Christen
das vierte Gebot
nicht mißbrauchen,
um ihre Kinder
zum Gehorsam zu zwingen
und damit ihre eigenen
Wünsche zu befriedigen,
sondern
daß sie ihre eigenen Eltern
lieben und ehren
und sie als Menschen
annehmen,
die ihre Nähe brauchen,
und daß sie dadurch
Vorbilder werden
für die junge Generation,
die einer solchen
Orientierung bedarf.
Und als ich dies schrieb,
merkte ich,
wie schwer es mir fiel,
meinen eigenen Eltern
gerecht zu werden.

Vierte Assoziation

Uns ist gesagt,
wir sollen
nicht töten;
das heißt sicherlich
nicht nur: nicht morden,
sondern:
– nicht mehr zürnen
mit unserem Bruder;
– kein Schimpfwort mehr
sagen
zu unseren Freunden;
– keine Verwünschung
mehr äußern
gegenüber Menschen.
Und als ich dies schrieb,
spürte ich einen Biß
der Schlange
an meinem rechten Arm.

Ich wünsche,
daß die Christen
nicht nur
das Töten vermeiden
und den Kriegsdienst
verweigern,
sondern
daß sie andere
nicht tot machen
dadurch, daß sie
sie einengen,
einzäunen, abschreiben
oder niederschmettern.
Und als ich dies schrieb,
merkte ich,
wie schwer es mir fiel,
unverletzliche Worte
zu finden.

Fünfte Assoziation

Uns ist gesagt,
wir sollen
nicht stehlen,
das heißt sicherlich
nicht nur:
nicht klauen,
sondern:
unsere Augen auftun,
um zu sehen
und zu merken,
wo wir
auf Kosten anderer
leben.
Und als ich dies schrieb,
spürte ich
einen Biß der Schlange
an der linken Hand.

Ich wünsche,
daß die Christen
in den Industrieländern
merken,
daß ihrem Wohlstand
eine Zeit des Kolonialismus
vorausgegangen ist.
Ich wünsche,
daß die Kirche
sich dafür einsetzt,
daß der erworbene
Wohlstand
für die Entwicklungsländer
dienstbar gemacht wird.
Und als ich dies schrieb,
merkte ich, wie sehr wir
in Unrecht verstrickt sind.

DARUM
SEID KLUG
WIE DIE SCHLANGEN
UND OHNE FALSCH
WIE DIE TAUBEN.

Mt 10,32–33: *Wer nun mich bekennet vor den Menschen, den will ich bekennen vor meinem himmlischen Vater. Wer mich aber verleugnet vor den Menschen, den will ich auch verleugnen vor meinem himmlischen Vater.*

Ich wollte dich bekennen,
indem ich meine Ohren auftat.

Mein Großvater
war ein strenger Konfuzianer.
In seinem Kopf
häuften sich Sprüche und Sprüche
aus alten Büchern
und von klugen Gelehrten.
Er redete wenig.
Aber wenn er redete,
traf er mit seinem Wort
genau und scharf,
tief und sinnenreich,
daß ich lange Zeit brauchte,
den Umfang und die Tiefe seines Wortes zu erfassen.
Und der Eindruck,
den er mir jedesmal hinterließ,
war das Bild eines weisen und unerschütterlichen Gelehrten.

Jahrelang
habe ich als Kind ihn sehr bewundert.
Aber keine Sekunde
war ich von dem Verdacht frei,
daß er keinerlei Fehler habe oder mache.
Ich schätzte die Sprüche der Weisheit sehr
als Hilfe für das Leben,
aber mich ließ die Frage nicht los,
woher ich
diese Kraft
nehmen sollte.

Als mein Großvater starb,
kamen alle Verwandten,
vom Norden und Süden,

vom Osten und Westen.
In der Mitte des Wohnzimmers
stand der Sarg
eine Zeitlang geöffnet
und ich konnte in seinem Gesicht
die Ruhe und den Frieden wahrnehmen.
Einen Tag später,
als die Feier begann,
kamen die Mönche
in gelben buddhistischen Gewändern.
Sie sangen und beteten,
damit sein Leben nicht vergeblich war.
Der Eindruck,
den ich davon hatte,
war die Angst, die große Angst,
unerlöst zu bleiben.

Dreihundert Meter
von unserem Haus entfernt
lag die evangelische Kirche.
Sonntag für Sonntag
sah ich dieselben Menschen vorbeigehen,
mit einem Gesangbuch und einer Bibel in der Hand.
Und als ich sie fragte,
was für Menschen sie seien,
antworteten sie:
Wir sind Menschen,
die wissen,
daß wir nicht viel tun können und trotzdem etwas tun,
daß wir nicht liebevoll sind und trotzdem lieben möchten;
daß wir nicht stark sind und trotzdem helfen möchten;
daß wir nicht gut sind und trotzdem Gutes vollbringen möchten;
darum daß wir uns von einem getragen wissen,
der gut ist und uns Gutes tut,
der stark ist und uns hilft,
der liebevoll ist und uns lieben will.

DA ICH MEINE OHREN AUFGETAN UND DIES GEHÖRT HATTE,
WOLLTE ICH DICH BEKENNEN,
INDEM ICH MEINE AUGEN ÖFFNETE.

Ich hatte einen Freund,
der in einen Streit mit dem Chef verwickelt war.
Eines Tages bat er mich,
zu seiner Arbeitsstelle mitzukommen.
Als wir da waren,
begegneten wir seinem Chef,
und der begann gleich,
mit meinem Freund zu schimpfen.
Ich stand dabei
und war sprachlos.
Als wir abends nach Hause gingen,
machte mir mein Freund viele Vorwürfe.
Er verstand nicht,
warum ich nicht für ihn Partei ergriffen hatte.
Ich sagte ihm:
Du mußt doch den Chef verstehen,
der ist nervös und launisch.
Bleibst du ruhig,
wird es bestimmt gut gehen.
Da entgegnete er mir:
Ich soll den Chef verstehen.
Wer aber versteht mich?
Und als ich das hörte,
wurden meine Augen aufgetan.

NACHDEM ICH MEINE OHREN UND MEINE AUGEN
AUFGETAN HATTE,
WOLLTE ICH DICH MIT DEM MUNDE BEKENNEN.

Ich saß beim Kaffee
in einer biederen Runde
und redete mit anderen über mancherlei.
Plötzlich
ergötzten sich zwei ältere Herren
an einem Gerede über die Türken:
Die Gastarbeiter hatten zu Hause
nie Technik und geregelte Arbeit.
Kein Wunder,

daß sie sich nicht in den Arbeitsprozeß einfügen können.
Sie fühlen sich hier nicht wohl,
wissen nichts mit ihrer Zeit anzufangen
und gammeln am Bahnhof herum.
Natürlich,
wo sollen sie auch hin,
ohne Frau und Familie.
Aber meine Frau wagt nicht mehr,
abends auf die Straße zu gehen.
Und als ich das hörte,
wußte ich,
daß ich etwas dagegen sagen müßte.
Aber ich blieb stumm.

NACHDEM ICH MEINE OHREN UND AUGEN AUFGETAN HATTE,
ABER NICHT WAGTE, DEN MUND AUFZUTUN,
DACHTE ICH MIR, ICH KÖNNTE DICH MIT DEN FÜSSEN
BEKENNEN.

Eines Tages
kam einer zu mir
nach dem Gottesdienst
und sagte,
seine Freundin sei krank
und es wäre schön,
wenn ich sie besuchen könnte.
Ich sagte ja,
ging in die Kirche,
nahm meine Bücher,
ging nach Hause,
stellte das Auto ab,
freute mich auf das Essen,
fuhr mit der Familie ins Grüne
und ging spazieren.
Als meine Füße nicht mehr konnten,
fiel mir ein,
daß ich die kranke Frau vergessen hatte.

NACHDEM ICH MEINE OHREN UND AUGEN AUFGETAN HATTE,
ABER NICHT WAGTE, DEN MUND AUFZUTUN
UND DEN BESUCH VERGASS, DACHTE ICH MIR,
ICH KÖNNTE DICH MIT DEN HÄNDEN BEKENNEN.

Im Januar 1979,
als ein Schneesturm
die Straßen mit Schnee bedeckte,
fuhr ich am Sonntagmorgen
mit dem Auto zum Gottesdienst.
Zweihundert Meter von meinem Haus
kam ich nicht weiter,
weil ein Auto im Schnee steckengeblieben war.
Ich hatte Angst,
zu spät zur Kirche zu kommen,
sah die Fahrerin des Wagens schaufeln,
legte aber den Rückwärtsgang ein
und fuhr davon.
Als ich in der Kirche war,
merkte ich,
daß Zeit genug da war
und ich der Frau noch hätte helfen können.
Da sah ich meine tatenlosen Hände
und war traurig
den ganzen Tag.

NACHDEM ICH MEINE OHREN UND AUGEN AUFGETAN HATTE,
ABER NICHT WAGTE, DEN MUND AUFZUTUN,
DEN BESUCH VERGASS
UND DER FRAU NICHT HALF,
DA GING DURCH MEINEN KOPF DAS WORT JESU:
WER MICH ABER VERLEUGNET VOR DEN MENSCHEN,
DEN WILL ICH AUCH VERLEUGNEN
VOR MEINEM HIMMLISCHEN VATER.

Mt 11,28–30: Kommet her zu mir alle, die ihr mühselig und beladen seid; ich will euch erquicken. Nehmet auf euch mein Joch und lernet von mir; denn ich bin sanftmütig und von Herzen demütig; so werdet ihr Ruhe finden für eure Seelen. Denn mein Joch ist sanft, und meine Last ist leicht.

Kommet her zu mir alle,
die ihr mühselig und beladen seid.

Vor sieben Jahren
besuchte ich meine Tante,
die in einem kleinen Dorf
im Mekongdelta wohnte.
Vor der Fahrt
erzählte ich meiner deutschen Frau
von den schönen Obstbäumen
und ihren schönen, saftigen Früchten.
Als wir jedoch ankamen,
sah ich nur eine Hütte,
notdürftig gebaut.
Ich fragte meine Tante
und erfuhr,
daß Napalmbomben das Haus zerstört hatten.
Auch den großen Garten
mit den vielen Obstbäumen hatten sie verwüstet.
Und die Flüsse waren verseucht.
Als die Tränen zu rollen begannen,
sagte sie:
»Komm, ich koche jetzt für euch den Reis.«
Da begriff ich,
daß sie nur noch Reis hatte.

Vor einem Jahr
besuchte ich eine ältere Dame.
Sie bewohnte ein großes Haus.
In dem schönen Garten
blühten und dufteten die Pflanzen.
Wunderbare Goldfische
schwammen in einem herrlichen Teich.

Doch die ältere Dame
weinte
und sagte:
»Ich bin sehr verzweifelt
und möchte sterben.
Meine Tochter,
die mich pflegte,
hat sich von ihrem Mann scheiden lassen.
Mein Schwiegersohn arbeitet oft im Ausland
und ist selten zu Hause.
Ich bin sehr allein.
Können Sie mir helfen?«
Da dachte ich plötzlich
an die glücklich spielenden Kinder
in dem armen Elendsviertel der Großstadt.

Kommet her zu mir alle,
die ihr mühselig und beladen seid;
ich will euch erquicken.

Hast du den Menschen
wirklich Erquickung geschenkt?
Ich sehe
die Millionen Menschen,
die zu dir gekommen sind
und doch keine Erquickung gefunden haben.

In den Gebirgen
in Zentralvietnam
stand eine kleine Hütte aus Stroh.
Einige Menschen aus den Bergstämmen
kamen sonntags dorthin,
um einen Prediger zu hören,
der aus einer Hafenstadt stammte.
Von Gottesdienst zu Gottesdienst
wuchs die Zahl der Besucher,
und die Hütte wurde schließlich zu klein.

Eines Tages,
als sie wie gewöhnlich zur Hütte kamen,
sahen sie die Hütte
niedergerissen und verbrannt.
Dann hörten sie,

daß ihr Freund,
der aus der Hafenstadt stammte,
mit seiner Frau
und seinen Kindern
grundlos festgenommen worden war.

Eine Woche später
sah man
an der gleichen Stelle
keine Hütte mehr,
aber eine unauffällige Klappe im Boden
aus Bambus, Erde und Gras.
Und es kamen
Menschen und Menschen,
sie machten die Klappe auf
und stiegen hinunter.
Als sie aber zu singen
und zu beten begannen,
fiel eine Bombe.
Zwei Minuten später
sah man sie herauskommen
mit zwei Toten
und drei Verletzten.

KOMMET HER ZU MIR ALLE,
DIE IHR MÜHSELIG UND BELADEN SEID;
ICH WILL EUCH ERQUICKEN.
NEHMET AUF EUCH MEIN JOCH UND LERNET VON MIR;
DENN ICH BIN SANFTMÜTIG UND VON HERZEN DEMÜTIG.

Dein Joch ist,
daß du Mensch geworden bist:
In einem kleinen Ort
lag ein kleines Kind,
von einer Frau geboren,
hilflos
und bedürftig.
Zur Gratulation
kamen keine Verwandten,
kein Nachbar
und kein Freund.
Nur drei Fremde aus der Ferne
brachten ihm

Gold, Weihrauch und Myrrhe.
Dann flüchteten sie aber,
aus Angst vor dem König,
als es Abend wurde.
Noch in derselben Nacht
nahm der Vater das Kind
und verließ das Land,
floh mit seiner Frau nach Ägypten.
So wurde Gott Mensch,
allen Gefahren ausgesetzt,
wie viele von uns.

Dein Joch ist,
daß du dem Menschen
ein Mensch geworden bist:
Immer wieder
gibt es Menschen,
die von Menschen ausgeschlossen werden:
die Kranken von den Gesunden,
die ältere von der jüngeren Generation,
die jüngere von der älteren,
die Schwarzen von den Weißen,
die Armen von den Reichen.
Aus der Gemeinschaft der Frommen
wurden zur Zeit Jesu ausgestoßen:
die Zöllner, die Dirnen und die Sünder.
Jesus aber saß bei den Zöllnern,
aß und trank mit ihnen.
Er schützte die Dirnen vor dem Gesetz
und wurde den Sündern ein Freund.

Dein Joch ist,
daß du dem Menschen
seine Last abnehmen willst:
Wie menschlich,
daß du nicht Gott bliebst,
sondern Mensch geworden bist.
Wie menschlich,
daß du nicht fremd bliebst,
sondern ein Freund geworden bist –
denen,
die Unmenschlichkeit zu dulden haben

und die mitten unter den Menschen
Fremdlinge geworden sind.
Einen großen Weg bist du gegangen,
und begeistert waren alle,
die von dir gerufen wurden:
Simon und Andreas,
Jakobus, der Sohn des Zebedäus, und Johannes,
Philippus und Bartholomäus,
Thomas und Matthäus,
Jakobus, der Sohn des Alphäus, und Thaddäus,
Simon von Kana und Judas Ischariot.
Doch als du ihre Last tragen wolltest
und das schwere Kreuz auf dich nahmst
und starbst,
da verließen sie dich alle,
und mit ihnen auch viele Menschen heute,
da sie glauben:
Gott muß Gott bleiben,
heilig, fern und fremd.
groß, allmächtig und unbekannt.
Darum darf er
den Menschen nicht zu nah sein
und dazu noch wie ein Mensch sterben.

KOMMET HER ZU MIR ALLE,
DIE IHR MÜHSELIG UND BELADEN SEID;
ICH WILL EUCH ERQUICKEN.
NEHMET AUF EUCH MEIN JOCH UND LERNET VON MIR;
DENN ICH BIN SANFTMÜTIG UND VON HERZEN DEMÜTIG;
SO WERDET IHR RUHE FINDEN FÜR EURE SEELEN.
DENN MEIN JOCH IST SANFT, UND MEINE LAST IST LEICHT.

Weil du meine Last abgenommen hast,
habe ich die Ruhe in dir gefunden.
Ich habe dein Joch genommen,
und wie du
möchte ich Mensch werden,
und wie du
möchte ich dem Menschen ein Mensch werden,
und wie du
möchte ich dem Menschen seine Last abnehmen.

Mt 16,19: Ich will dir des Himmelreichs Schlüssel geben: alles, was du auf Erden binden wirst, soll auch im Himmel gebunden sein, und alles, was du auf Erden lösen wirst, soll auch im Himmel los sein.

Erste Assoziation

Es war ein Mann namens Petrus. Eines Tages gab er seinen Beruf auf und wurde Jesu erster Freund. Monat um Monat waren sie zusammen, teilten Freude und Leid, und man konnte sie kaum voneinander trennen. Doch als sein Freund vor dem Gericht stand und er Zeuge werden sollte, bekam er Angst und verleugnete ihn.

Wenige Wochen später stand derselbe Mann vor den Juden in Jerusalem und sprach: »Jesus von Nazareth, mein Freund, den ich verleugnet habe und den ihr durch die Hand der Römer ans Kreuz geschlagen und umgebracht habt, ist von Gott auferweckt worden.« Da ging's ihnen durchs Herz und sie glaubten ihm. Darum glaube ich dem,

DER SPRICHT: ICH WILL DIR DES HIMMELREICHS SCHLÜSSEL GEBEN: ALLES, WAS DU AUF ERDEN BINDEN WIRST, SOLL AUCH IM HIMMEL GEBUNDEN SEIN, UND LÖSEN WIRST, SOLL AUCH IM HIMMEL LOS SEIN.

ZWEITE ASSOZIATION

Es war ein Mann
namens Saulus,
der besonders fromm war.
Er glaubte an Gott,
hielt das Gesetz
vorbildlich
und war untadelig.
Doch wollte er bei Gott
noch größere Verdienste
haben
und verfolgte darum
die Christen.
Er nahm sie gefangen
und steinigte sie.

Doch als er in die Nähe
von Damaskus kam
und Gott erlebte,
änderte er seinen Sinn.
In den Synagogen
fing er sogleich an
zu predigen,
daß Jesus Gottes Sohn sei;
alle, die es hörten, waren
entsetzt und sagten:
Ist das nicht der Mann,
der die Christen
vernichten wollte?
Darum glaube ich dem,

DER SPRICHT: ICH WILL DIR
DES HIMMELREICHS SCHLÜSSEL GEBEN:
ALLES, WAS DU AUF ERDEN
BINDEN WIRST,
SOLL AUCH IM HIMMEL
GEBUNDEN SEIN, UND
LÖSEN WIRST,
SOLL AUCH IM HIMMEL
LOS SEIN.

DRITTE ASSOZIATION

Es war ein Mann
namens Luther,
der im Kloster lebte.
Er war fromm und tat,
was man damals
von einem Mönch
erwartete.
Er arbeitete fleißig,
betete fleißig
und ging fleißig zur Beichte,
wenn er sündigte.

Doch eines Tages
erkannte er
den gnädigen Gott.
Er verließ das Kloster,
kämpfte gegen Mißstände
in der Kirche,
und es entstanden
neue Gemeinden,
die noch bis heute
einen weltweiten Ruf haben.
Darum glaube ich dem,

DER SPRICHT: ICH WILL DIR
DES HIMMELREICHS SCHLÜSSEL GEBEN:
ALLES, WAS DU AUF ERDEN
BINDEN WIRST,
SOLL AUCH IM HIMMEL
GEBUNDEN SEIN, UND
LÖSEN WIRST,
SOLL AUCH IM HIMMEL
LOS SEIN.

Mt 16,24.25: Da sprach Jesus zu seinen Jüngern: Will mir jemand nachfolgen, der verleugne sich selbst und nehme sein Kreuz auf sich und folge mir. Denn wer sein Leben erhalten will, der wird's verlieren; wer aber sein Leben verliert um meinetwillen, der wird's finden.

Will mir jemand nachfolgen, der verleugne sich selbst.

Ich denke an die Worte des indischen Dichters Tagore:
Sag mir, Bruder, wie kann ich der Maya entsagen?
(In Indien ist Maya Symbol für die Täuschung
des Menschen durch die Sinnenwelt.)
Als ich es aufgab, mein Gewand zu binden,
hüllte ich meinen Körper noch in seine Falten.
So ist es auch mit der Leidenschaft:
Wenn ich sie aufgebe, sehe ich, daß der Zorn noch bleibt.
Und wenn ich dem Zorn entsage,
ist doch die Gier noch in mir.
Und wenn die Gier besiegt ist,
bleiben noch Stolz und Ruhmsucht.
Wenn der Geist sich von allem löst und die Maya ablegt,
so klammert diese sich doch noch an das Wort.
Kabir sagt: »Höre mir zu, du lieber Weiser!
Selten wird der wahre Weg gefunden.«

Will mir jemand nachfolgen, der verleugne sich selbst und nehme sein Kreuz auf sich und folge mir.

Sich selbst verleugnen, heißt nicht:
die Leidenschaft aufgeben,
die Gefühle ignorieren,
die Wünsche nicht mehr wahrnehmen,
die Gedanken für unwichtig halten,
sondern: bereit sein,
mit dem anderen zu leiden, das Kreuz auf sich nehmen,
weil wir mit unserer Leidenschaft nicht umgehen können,
weil wir uns über unsere Gefühle nicht im klaren sind,
weil wir unsere geheimen Wünsche nicht rechtzeitig erkennen,
weil wir mit unserem Denken oft am Ende sind
und weil wir unsere Gefühle, Wünsche und Gedanken
unseren Mitmenschen oft nicht mitteilen können.

Darum: Wer sich selbst verleugnen will,
der nehme sein Kreuz auf sich
und gehe den Weg, den Jesus vorausgegangen ist.

Will jemand mir nachfolgen, der verleugne sich selbst
und nehme sein Kreuz auf sich und folge mir.
Denn wer sein Leben erhalten will, der wird's verlieren.

Ich denke an die Menschen, die viel vom Leben erhalten haben:
Haus, Garten, Frau und Kinder,
Auto, Fernseher, Gefrierschrank und Waschmaschine.
Doch glücklich sind sie nicht.
Denn sie haben Angst vor der Gegenwart,
die viel von ihnen verlangt.
Sie machen sich große Sorgen um die Umwelt
und können sie doch nicht rein halten.
Sie leiden unter dem Konflikt zwischen Alten und Jungen
und wissen nicht, wie sie aufeinander zugehen können.
Sie bezahlen für ihren Wohlstand mit dem harten Streß,
dem sie nicht mehr ausweichen können.
Sie werden vom Profitgeist geplagt
und verlieren dabei das Herz für ihre Mitmenschen.

Will jemand mir nachfolgen, der verleugne sich selbst
und nehme sein Kreuz auf sich und folge mir.
Denn wer sein Leben erhalten will, der wird's verlieren;
wer aber sein Leben verliert um meinetwillen,
der wird's finden.

Ich denke an Martin Luther King,
der in Amerika als Schwarzer lebte
und sah, wie die Schwarzen unterdrückt
und benachteiligt werden.
Er stand auf, organisierte eine Bewegung
gegen das Vorrecht der Weißen
und setzte sich mit seinem ganzen Leben dafür ein.
Er nahm Jesus als Vorbild,
verzichtete darum auf Gewalt,
obwohl ein Attentat auf ihn verübt wurde.
Schließlich wurde er ermordet,
aber das, was er gesagt und getan hat,
war für ihn und uns Gewinn.

Mt 26,39b: Mein Vater, ist's möglich, so gehe dieser Kelch von mir, doch nicht, wie ich will, sondern wie du willst!

MEIN VATER, IST'S MÖGLICH . . .
Was ist dir möglich?
– Es ist dir nicht möglich,
Menschen so hart wie Steine zu schaffen,
die sich vor nichts zu fürchten haben.
– Es ist dir nicht möglich,
Menschen wie Pflanzen wachsen zu lassen,
die keinen Schmerz empfinden
und schöne Blumen hervorbringen.
– Es ist dir nicht möglich,
Menschen wie Tiere zu bilden,
die zwar Empfindungen haben,
aber nicht Gutes und Böses denken können.

MEIN VATER, IST'S MÖGLICH,
SO GEHE DIESER KELCH VON MIR.

Ich erinnere mich an einen Tag,
an dem ich
von der vietnamesischen Hauptstadt Saigon
nach Hause fuhr.
Ich schaute aus dem Fenster
und freute mich,
meine Eltern wiederzusehen.
Doch plötzlich
bremste der Fahrer den Bus
und schrie,
wir sollten alle aussteigen.
Nach dem ersten Entsetzen
begriff ich,
daß vor dem Wagen
eine Regierungstruppe
von den Partisanen angegriffen wurde.

Da bekam ich Angst
und sagte:
Vater, wenn es möglich ist,
laß diesen Krieg schnell vorübergehen.

Ich erinnere mich an furchtbare Tage,
an denen ich Tag und Nacht
unter Asthmaanfällen gelitten habe.
Meine Mutter war traurig
und sehr besorgt,
weil ich fast nur noch Haut und Knochen war.
Als ich mehrere Nächte
nicht liegen konnte,
sondern im Schlaf sitzen mußte,
um ein wenig Luft bekommen zu können,
wünschte ich mir den Tod.
Als ich ihm jedoch so nah war,
bekam ich Angst
und träumte von einem Leben
ohne Krankheit und Schmerz,
ohne Tod und Trauer.

MEIN VATER, IST'S MÖGLICH,
SO GEHE DIESER KELCH VON MIR,
DOCH NICHT, WIE ICH WILL,
SONDERN WIE DU WILLST!

Willst du,
daß wir nicht den Weg des Hasses gehen,
der dem anderen weh tut,
sondern daß wir den Weg der Liebe beschreiten,
der unseren Einsatz
und vielleicht auch unser Leben fordert?

Willst du,
daß wir nicht nach dem Profitgeist leben,
der unsere menschlichen Beziehungen vergiftet,
sondern daß wir uns
dem Geist des Schenkens und Teilens annähern,
der deinem Geist mehr entspricht
und der mehr bereit ist
zum Verzicht,
zu Einschränkungen und auch zu Opfern?

Willst du,
daß wir nicht nur essen und trinken,
sondern daß wir darüber nachdenken,
wer wir sind, wozu wir eigentlich leben
und warum wir füreinander Opfer aufbringen müssen?

Mt 27,46c: Mein Gott, mein Gott, warum hast du mich verlassen?

Es gibt Stunden,
in denen wir Gott nicht verstehen können.
Unsere Sprache wird stumm.
Das einzige
das uns bleibt,
sind Tränen und Klage.

Ich denke an eine Frau,
die in der Kirchengemeinde
jahrelang aktiv mitarbeitete:
Sie leitete den Frauenkreis,
einen regen Mütterkreis
und einen Elternbibelkreis.
Am Gemeindefest,
das einmal im Jahr stattfand
und das sie Monate vorher
mit vielen Frauen
liebevoll vorbereitet hatte,
war sie mit den Gästen voll beschäftigt.
Sie bat ihren Mann,
die Kinder vom Bahnhof abzuholen.
Auf dem Rückweg
rammte der Zug
am Bahnübergang den Wagen,
da der Schrankenwärter vergessen hatte,
die Schranke zu schließen.
Als die Nachricht
vom Tod ihres Mannes und der Kinder
die Frau erreichte,
brach sie in Tränen zusammen.

Ich denke an ein Ehepaar,
das sehr arm war
und sechs Kinder hatte.
Der letzte Winter
kam unerwartet mit viel Schnee
und war an manchen Tagen sehr kalt.
Ein Kind erkrankte,

weil dem Ehepaar
das Geld für die Heizung fehlte.
Da es Sonnabend war,
konnten sie ihren Hausarzt nicht erreichen
und dachten,
Montag wäre auch noch früh genug,
das Kind zum Arzt zu bringen.
Sonntag morgens
stand die Mutter auf,
wollte nach dem Kind sehen,
zog die Decke zurück
und stellte fest,
ihre Tochter war nicht mehr am Leben.

Ich denke an ein kinderloses Ehepaar,
das seine ganze Zeit
dazu benutzte,
Menschen zu helfen.
Jeder Ausländer,
der in ihrer Nähe wohnte,
wurde eingeladen.
Und am Heiligen Abend
waren nicht nur die Großmutter,
die mit im Hause wohnte,
sondern auch alle Ausländer
der Nachbarschaft da.
Sie sangen und aßen,
feierten miteinander und waren fröhlich.
Keiner hat sich einsam gefühlt.
Drei Tage nach dem Weihnachtsfest
wurde die Großmutter querschnittsgelähmt
durch einen Sturz von der Treppe.
Zwei Tage später
kam der Mann nach Hause und
brach an der Tür zusammen.
Er litt seitdem,
zwei Jahre lang,
unter Magenkrebs.

Ich denke an einen Mann,
der Monate um Monate
durchs Land zog,

um Menschen zu helfen:
Blinde wurden sehend,
Taube begannen zu hören
und Stumme fingen an zu sprechen.
Er predigte von der Liebe
und redete vom Frieden,
den Gott den Menschen schenkte,
ohne irgendeine Leistung von ihnen abzuverlangen.
Da wurde er von den Menschen zum Tode verurteilt,
und Gott ließ ihn
ohne Trost
am Kreuz
umkommen.

D̄arum glaube ich an den,
der für uns in den Tod gegangen ist
und mit uns schrie:
Mein Gott, mein Gott,
warum hast du mich verlassen?

Mt 28,18b–20: Mir ist gegeben alle Gewalt im Himmel und auf Erden. Darum gehet hin und lehret alle Völker und taufet sie im Namen des Vaters und des Sohnes und des heiligen Geistes, und lehret sie halten alles, was ich euch befohlen habe. Und siehe, ich bin bei euch alle Tage bis an der Welt Ende.

MIR IST GEGEBEN ALLE GEWALT IM HIMMEL UND AUF ERDEN.

Ich habe den Himmel nicht gesehen.
Und die »Gewalt«,
die du dort bekamst und ausübtest,
ist mir fremd.
Aber ich habe hier auf Erden
glückliche Stunden erfahren,
die mich träumen lassen
von einem Tag
ohne Leid und Schmerz,
ohne Feindschaft und Ungerechtigkeit,
ohne Unterdrückung und Profitdenken.
Darum träume ich von dem Tag,
an dem du mich
in deinem Himmel erwachen läßt.

Ich erlebte deine »Gewalt« auf Erden
nicht als Gewalt,
die in Panzern,
Kanonen, Flugzeugträgern,
U-Booten und Raketen gipfelt,
sondern in dem Wort,
das uns zum friedlichen Miteinander verhalf.

Ich erlebte deine »Gewalt« auf Erden
nicht in der wirtschaftlichen Überlegenheit
der Völker,
die eine große christliche Tradition besaßen
und unendlich viele Bücher
über deine »Gewalt« geschrieben haben,
sondern in der Liebe
eines einfachen Menschen,
der meine tote Menschlichkeit
zum Leben brachte.

Mir ist gegeben alle Gewalt im Himmel und auf Erden.
Darum gehet hin und lehret alle Völker
und taufet sie im Namen des Vaters
und des Sohnes und des Heiligen Geistes,
und lehret sie halten alles,
was ich euch befohlen habe.

Darum möchte ich dein Jünger sein.
Ich möchte zu den Menschen gehen
und ihnen von deiner Macht erzählen:
Eine Macht,
die alle Gewalt verliert, um alles zu gewinnen,
und die alles zurückläßt, um frei zu werden.
Es ist die Macht jenes Wortes,
das sich totschlagen läßt,
um noch lauter reden zu können.
Es ist die Macht jener Liebe,
die sich kreuzigen läßt,
um mehr Menschen
in den Dienst der Liebe stellen zu können.

Und siehe,
ich bin bei euch alle Tage bis an der Welt Ende.

Du bist bei mir
in den Stunden, in denen ich glücklich bin
und von deiner Macht im Himmel träume.

Du bist bei mir
in den Tagen, in denen ich krank bin und ein Wort erfahre,
das mir Trost und Hoffnung bringt.

Du bist bei mir
in den Tagen, in denen ich einsam bin
und eine Liebe erlebe,
die mir Glück und Freude schenkt.

Du bist bei mir
in den Stunden, in denen ich verzweifelt bin
und dich als den erkenne,
der auch verzweifelt,
verzagt und elend
am Kreuz gestorben ist.

KLAUS-PETER
HERTZSCH

Der ganze Fisch war voll Gesang

Biblische Balladen
zum Vorlesen

Einige der Geschichten sind bekannt, an einige erinnern sich nur noch die Theologen – frisch und neu, lebendig und ursprünglich klingen sie alle, wenn Klaus-Peter Hertzsch, praktischer Theologe in Jena, sie in einfachen Versen nacherzählt: Die Geschichte von Bileam und seiner gottesfürchtigen Eselin, die Geschichte von Elia und dem bösen König Ahab, die Geschichte von Micha Ben Jimla und den zwei verschwägerten Königen, die Geschichte von Jona und der schönen Stadt Ninive und die Geschichte von Daniel und den Löwen in der Grube.

In einer Besprechung heißt es u. a.:
»Der Text von Hertzsch hat die Aussage des Buches Jona eingefangen, sogar umfassender, als ein Kommentar das tun könnte. Der Autor hat die Aussage des Lehrgedichts Jona und dessen Bilder umgegossen in die Volksballade. Dabei bleibt die Geschichte bei allem Vergnügen, das sie bereitet, Wort des Herrn. Das ist das Erstaunliche und Erquickliche an diesen Balladen: Sie sind nicht zu Schauergeschichten und Moritaten abgesunken; sie geben vom biblischen Zeugnis nichts weg, sondern lassen es in seiner Frische und Ursprünglichkeit zu Wort kommen. Verbal ist das ein anderes Wort, der Intention nach aber das biblische Wort.«

8. Auflage, 80 Seiten mit 16 Illustrationen

Wir informieren Sie gern ausführlich über unser Verlagsprogramm:

RADIUS-Verlag Stuttgart
Kniebisstraße 29 · 7000 Stuttgart 1

WALTER JENS (Hrsg.)
Assoziationen
Gedanken zu biblischen Texten

»... Wird die frohe Botschaft, die von der Rettung des Lebens, nicht ebenso langweilig und grau wie die Wetternachrichten alltäglich langweilig sind? Dieser Frage, diesem Problem hat Walter Jens sich jetzt gestellt. Er hat ein ›Projekt‹ begonnen, das er als ›eine Art von Schuttabräumeaktion‹ bezeichnet. Und in der Tat, solches ist ihm im ersten der auf insgesamt acht Bände geplanten Buchreihe gelungen. Jens und der Verlag haben namhafte und weniger bekannte Theologen und Nichttheologen gebeten, zu den Evangeliumstexten der einzelnen Sonntage in einem Kirchenjahr ihre Assoziationen aufzuschreiben. Und Jens hat recht: Sie haben von Brecht gelernt, ›was es heißt, einen Text aus verfremdeter Sicht wie ein unbekanntes Stück Prosa zu lesen‹. Da geht es dann auch ehrlich und spannend genug zu. Und das hält sich das ganze Buch hindurch ... Die Botschaft bekommt so wieder ihre alte Frische, sie regt wieder an und auf. Und darum ist es ein Buch für jedermann, keines für brave Kirchenleute nur. Es ist ein öffentliches Buch, im Sinn der Rede Jesu. Man sollte es lesen.«
Hessischer Rundfunk

Die Bände 1 bis 6 (zu den einzelnen Perikopenreihen) erscheinen jeweils im Herbst der Jahre 1978 bis 1983, Band 7 (Wochensprüche): Frühjahr 1979, Band 8 (Psalmen): Frühjahr 1980. – Jeweils ca. 210 Seiten, Paperback

Zu den 68 Wochensprüchen schreiben 22 Mitarbeiter.
Die 71 Beiträge kommen aus Lateinamerika (14), USA (2), Asien (21) und Afrika (34):

Byung Mu Ahn *(Korea)*
Julio de Santa Ana *(Uruguay)*
Kenneth Best *(Kenia)*
José Miguez Bonino *(Argentinien)*
Emilio Castro *(Uruguay)*
Orlando E. Costas *(Puerto Rico)*
Hannah Green *(USA)*
Paulos Mar Gregorios *(Indien)*
Nat Idarous *(Tanzania)*
G. Egemba Igwe *(Nigeria)*
Ben Khumalo *(Südafrika)*
Naaman Laiser *(Tanzania)*
Johan L. Lengkong *(Indonesien)*
Lalitha Maaßen-Venkateswaran *(Indien)*
Martin Ngnoubamdjoum *(Kamerun)*
Dê van Nguyên *(Vietnam)*
Johannes B. Opschoor *(Botswana)*
Jong-Wha Park *(Korea)*
Gabriel Setiloane *(Botswana)*
Kaku Utsumi *(Japan)*
Lukas de Vries *Namibia)*
David Wanless *(Südafrika)*

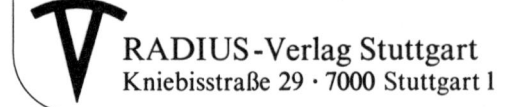

RADIUS-Verlag Stuttgart
Kniebisstraße 29 · 7000 Stuttgart 1